Neue
Kleine Bibliothek 174

Lucas Zeise

Euroland wird abgebrannt

Profiteure, Opfer, Alternativen

PapyRossa Verlag

© 2012 by PapyRossa Verlags GmbH & Co. KG, Köln
Luxemburger Str. 202, 50937 Köln
Tel.:   +49 (0)2 21 – 44 85 45
Fax: +49 (0)2 21 – 44 43 05
E-Mail: mail@papyrossa.de
Internet: www.papyrossa.de

Umschlag: Willi Hölzel, lux72plus
Druck: Interpress

Die Deutsche Bibliothek verzeichnet diese Publikation in der
Deutschen Nationalbibliografie; detaillierte bibliografische
Daten sind im Internet über http://dnb.ddb.de abrufbar

ISBN 978-3-89438-483-8

Inhalt

1.
Einleitung

Die These dieses Buches ist einfach. Sie lautet wie sein Titel: »Euroland wird abgebrannt«. Nach drei Jahren Krise der Staatsfinanzen ist kein Ende abzusehen. Vielmehr hat sich die Lage der Volkswirtschaften und der Völker dort, wo der Euro als Währung gilt, massiv verschlechtert. Das Krisenmanagement der beteiligten Politiker hat zu dieser Verschlechterung nicht unwesentlich beigetragen. Es ist fast buchstäblich so: Wo die Krisenstrategie der Euro-Politik aus Berlin, Frankfurt und Brüssel wirkte, hat sie verbrannte Erde zurückgelassen.

Und dennoch ist keine Umkehr zu erkennen. Was bisher nicht erfolgreich war, was bisher die Lage verschlimmert hat, daran soll als Krisenstrategie festgehalten werden. Das scheint die feste Überzeugung immer noch aller Regierungen in Euro-Europa zu bleiben. So jedenfalls handeln sie, sofern sie noch handeln können. Das trifft besonders auf die deutsche Bundesregierung zu, die ihre Handlungsfähigkeit auf Kosten der anderen Akteure in der Europäischen Union und im Eurogebiet noch ausweiten konnte. Sie vertritt seit Beginn der Krise unverändert die These, dass die Staaten ihre Ausgaben kürzen müssen, um wieder kreditwürdig zu werden. Diese Haltung ist einfach und verständlich und – jedenfalls bisher in Deutschland – sogar populär. Es leuchtet ein, dass ein Normalbürger, wenn er hoch verschuldet ist und ihm niemand mehr frisches Geld leiht, seine Ausgaben reduzieren muss.

Es ist allerdings auch offensichtlich, dass der Staat, dessen Einnahmen und Ausgaben etwa 50 Prozent der gesamtwirtschaftlichen Leistung ausmachen, bei seinem Verhalten auch die volkswirtschaftliche Wirkung zu bedenken hat. Wenn der Staat im konjunkturellen Abschwung radikal Ausgaben kürzt, wird dieser Abschwung erst richtig an Schwung gewinnen. Die Produktion sinkt, die Arbeitslosigkeit steigt, das Steueraufkommen sackt überproportional ab, und die Verschuldung des Staates erhöht sich, obwohl die Ausgaben gesenkt wurden.

Am Beispiel Griechenland ist diese Wirkungskette vorgeführt worden. Sie hat das Land und seine Bevölkerung in eine extrem schwere Krise geführt. Not und Elend sind gewachsen. Das Vertrauen der Finanzmärkte wurde auch nicht errungen. Das Gegenteil ist der Fall. Und dennoch halten die Herrschenden des Euroraums an der eingeschlagenen Strategie fest. Es ist kein Wunder, dass der Pessimismus hinsichtlich der Dauerhaftigkeit des Euro um sich greift. Auch frühere entschiedene Befürworter der gemeinsamen Währung halten es mittlerweile für wahrscheinlich, dass der Euro nicht mehr lange als gemeinsames Zahlungsmittel von 17 Ländern überlebt. »Die Währungsunion wird scheitern«, ist die zweite These dieses Buches, die fast schon Mehrheitsmeinung ist.

Die Krise der europäischen Währungsunion ist zugleich Bestandteil und Ausdruck der den ganzen Globus umfassenden aktuellen Weltfinanz- und Weltwirtschaftskrise. Dies ist weniger These als Ausgangspunkt der Analyse, wie sie in diesem Buch vorgenommen wird. Man kann das Geschehen in Europa, das Spiel der Finanzmärkte mit der Politik der Gläubiger- und Schuldnerstaaten und das verheerende Spiel der Politik mit den Menschen und Institutionen des Kontinents nicht verstehen, wenn man es nicht als Bestandteil der weltweiten Krise des neoliberalen Regimes begreift.

Der Moment, in dem die 2007 ausgebrochene Finanzkrise zu einer Staatsschuldenkrise wurde, ist leicht zu bestimmen. Es war der Herbst 2008, kurz nachdem die New Yorker Investmentbank Lehman Brothers zusammengebrochen war und das Finanzsystem des

Globus wackelte. Alle Regierungen der reifen kapitalistischen Länder handelten, als hätten sie sich verabredet. Sie stützten ihre Banken. In Deutschland geschah das in jener Szene, die die Kanzlerin Angela Merkel und ihren damaligen Finanzminister Peer Steinbrück am Sonntag, den 5. Oktober zeigt. Sie sprechen mit ernster, aber gefasster Miene den Satz in die Kameras und Mikrophone: »Liebe Mitbürger, Ihre Einlagen bei den Banken sind sicher.« Die meisten Mitbürger hatten bis zu diesem Zeitpunkt noch nicht richtig wahrgenommen, dass ihre Einlagen bei den Banken und die Banken selbst gefährdet waren. Merkel und Steinbrück verpfändeten in diesem Wort das Steueraufkommen des Staates Deutschland zur Rettung der Banken. In Rekordzeit wurde ein Gesetz zur Bankenrettung durch beide Kammern des Parlaments gejagt. Ein Fonds zur Bankenstützung, genannt Soffin, wurde errichtet, der mit einem Volumen von 480 Mrd. Euro das Anderthalbfache eines jährlichen Bundeshaushalts ausmachte. Ähnliches fand, wie gesagt, in anderen Ländern statt. Überall, in Frankreich, der Schweiz, Großbritannien, Irland, Belgien, den Niederlanden, Japan, den USA usw. kam es zu Bankenrettungsmaßnahmen.

Im Winterhalbjahr 2008/09 sprang die Verschuldung der Staaten in aller Welt nach oben. Die Staatsverschuldung war schon zuvor eigentlich skandalös hoch. In Deutschland machte sie vor dieser Zeit etwas mehr als 60 Prozent des damaligen Bruttoinlandsprodukts (BIP) aus. Im Jahr danach betrug sie mehr als 80 Prozent. Ein solcher Sprung in der Verschuldung war überall zu beobachten. Besonders kräftig stieg der Verschuldungsgrad in Ländern wie Irland und Großbritannien, die im Vergleich zur Größe der Volkswirtschaft sehr viele und sehr umfangreiche Banken stützen zu müssen glaubten. Die Verschuldung stieg in diesen Monaten aber auch deshalb sprunghaft, weil die Staaten umfangreiche kreditfinanzierte Konjunkturprogramme auflegten und weil zugleich in der im Sommer 2009 einsetzenden globalen Konjunkturkrise die Steuereinnahmen einbrachen. Jedenfalls aber zeigt allein der Verlauf der Krisenereignisse, dass die übergroße Verschuldung der Staaten eine direkte

Folge dieser Krisenereignisse war. Man kann es auch anders aus-
drücken: Weil die Staaten in der Krise für die wackelig gewordenen
Vermögensansprüche des Finanzkapitals eingetreten sind und große
Teile der Verschuldung des Privatsektors übernommen haben, ist die
Finanzkrise zur Staatsschuldenkrise geworden.

Das ist der wirtschaftshistorische Nachweis dafür, dass die Euro-
Krise ein Teilaspekt der großen Weltwirtschaftskrise und zugleich
der großen Krise des neoliberalen Wirtschaftsregimes ist. Der tie-
fere Grund liegt darin, dass die Währungsunion in Europa ein neo-
liberales Konstrukt ist. Eine gemeinsame Währung für verschiedene
Länder ist dabei keinesfalls an sich neoliberal. Im Gegenteil, die festen Wechselkurse zwischen den kapitalistischen Staaten nach dem
II. Weltkrieg kamen ja in mancher Hinsicht einer Währungsunion
gleich. Durch sie wurde gerade vermieden, was der Neoliberalismus
propagiert, nämlich die Unterordnung der Volkswirtschaften unter
die möglichst wenig regulierten Finanzmärkte. Große einheitlich –
also staatlich – kontrollierte Währungsräume widersprechen eigentlich dem neoliberalen Dogma. Die Währungsunion in Europa ist
denn ursprünglich keineswegs von den Neoliberalen, sondern von
ihren Gegnern, den Keynesianern und Freunden des Staatskapitalis-
mus, wie er in Frankreich gepflegt wurde, befürwortet und voran-
getrieben worden.

Die tatsächliche Verfassung dieser Währungsunion ist aber neoliberal ausgefallen. Das ist denn auch der Grund dafür, dass sie nicht
oder nur in Boom- und Schönwetterperioden funktioniert und nun
in der Krise, die nicht vorbeigeht, wieder auseinanderfällt. Diese
Euro-Währungsunion wurde mit einem Minimum an staatlicher
Regulierung konstruiert. Dass es so kam, dafür haben die deutsche
Regierung unter Helmut Kohl und vor allem die für Währungs-
und Finanzfragen zuständige und autonome Bundesbank gesorgt.
Natürlich ist auch das nicht einfach auf ideologische neoliberale
Verblendung der Akteure zurückzuführen. Vielmehr hat das deut-
sche Kapital oder, wie man auch sagt, haben die Großkonzerne in
Deutschland diese staatsarme Euro-Konstruktion bevorzugt, weil sie

ihre relative Stärke im europäischen Vergleich am besten zur Geltung bringt. Denn seit jeher gilt in der Wirtschaftspolitik: Den Liberalismus vertreten die ökonomisch Starken.

Was ist das Neoliberale an der Währungsunion? Das ist zum einen, dass ausdrücklich darauf verzichtet wurde, die Fliehkräfte des Marktes auch nur einzudämmen. Zwar schwante den Konstrukteuren, dass die Zusammenfassung ökonomisch sehr unterschiedlicher und sehr unterschiedlich entwickelter Länder in einem durch keine Währungsabwertung mehr unterbrochenen Binnenmarkt die Fliehkräfte sehr stark sein könnten und schwächere Länder Teile ihre heimischen Märkte an die starken Wettbewerber verlieren und damit große Leistungsbilanzdefizite aufhäufen würden. Daher wurden sogar Kriterien ersonnen, um zu gewährleisten, dass nur Länder, die »reif« für den Euro waren, auch an der Währungsunion würden teilnehmen können. Das waren zum Teil ziemlich absurde Kriterien. Sie hatten mit der realwirtschaftlichen Entwicklung wenig zu tun, sondern bezogen sich auf die Stabilität des Wechselkurses, die Inflation und die Höhe der staatlichen Verschuldung. Auf einen Abstimmungsmechanismus der Wirtschaftspolitik wurde verzichtet. Ausdrücklich ausgeschlossen wurde eine eigentlich naheliegende Angleichung der Besteuerung, vor allem der Besteuerung der Unternehmen. Hier galt vielmehr weiter das in der Europäischen Union geltende Wettbewerbsprinzip. Auch die Staaten, die den Euro als gemeinsame Währung übernehmen, sollten in einem Wettbewerbsverhältnis zueinander stehen. Der Wettbewerb sollte um die Gunst des Kapitals ausgefochten werden, dem zugleich das wichtigste Grundrecht der EU garantiert wurde, seine Freiheit.

Die neoliberale Konstruktion des Euro führte zugleich zu einem erstaunlichen Widerspruch. Einerseits galt mit der gemeinsamen Währung ein einheitlicher Zinsraum. Dieser entstand, weil die aus den nationalen Notenbanken entstandene Europäische Zentralbank den Banken des Eurogebiets das Geld überall zum gleichen Zins zuteilte. Die Freiheit des Kapitalverkehrs würde nun dafür sorgen, so das Kalkül, dass auch die Kapitalmarktzinsen, also die Zinsen für länger als nur ein oder zwei Jahre laufende Kredite sich in der gesamten Eurozone angleichen würden. Die Finanzierungsbedingungen für die Unternehmen würden sich damit ebenfalls angleichen und so für eine harmonische Entwicklung des Währungsraumes sorgen.

Die neoliberalen Konstrukteure haben aber nicht bedacht oder gezielt unbeachtet gelassen, dass die Staaten als Schuldner die wichtigsten Akteure an den Finanzmärkten sind. Sie sollten zwar im Wettbewerb um möglichst billiges Geld auch auf dem nun einheitlichen Kapitalmarkt der Währungsunion auftreten. Als mit dem Einsetzen der großen Finanzkrise dieser Wettbewerb aber ernst wurde und einige Staaten frisches Geld nur noch zu hohen Zinsen aufnehmen konnten, stellte sich heraus, dass dieser angeblich einheitliche Kapitalmarkt im Euroraum immer noch entlang nationaler Grenzen funktionierte. Als die Zinsen, die der griechische Staat bieten musste, steil nach oben schossen, kamen auch griechische Banken nur noch zu hohen Zinsen an Kapital. Das Gleiche galt wenig später für irische, portugiesische, italienische und spanische Bankzinsen. Und schließlich mussten griechische Unternehmen, völlig unabhängig davon, ob sie individuell kreditwürdig waren oder nicht, ebenfalls für jeden Kredit viel höhere Zinsen zahlen als zuvor und als die Unternehmen in Deutschland, Österreich oder den Niederlanden.

Absurd daran ist, dass genau dies gewollt, zugleich aber auch nicht gewollt ist. Gewollt ist es von jenen, die bei der Konstruktion des Euro auf die Konkurrenz unter den Staaten setzten. Wenn man Staaten und überhaupt Institutionen in den Wettbewerb um Kapital schickt, braucht man sich nicht zu wundern, dass sie von den internationalen Kapitalgebern unterschiedliche Finanzierungsbedingungen erhalten. Das ist die deutsche Seite.

Nicht gewollt ist das Zinsgefälle von denen, die die Währungsunion vor allem als eine Verbesserung ihrer Finanzierungsbedingungen angestrebt haben. Die Kapitalisten in Italien, Spanien und Frankreich vertreten diese Position. Sie haben nur in der Anfangsphase der Währungsunion bekommen, was sie gewollt haben. Mit Beginn der Weltwirtschaftskrise zeigte sich, dass der Euro deutsch – und entsprechend fehlerhaft – konstruiert war.

Die aktuelle Euro-Krise legt die unterschiedliche Interessenlage der verschiedenen Kapitalgruppen in Europa offen. Und zwar, wie seit eh und je entlang nationaler Grenzen. Eine Krise ist ein Moment (oder wenn dieser Ausdruck zeitlich zu kurz erscheint, eine Wendung der Ereignisse), der zeigt, dass es wie bisher nicht weitergeht. Warum das so ist und warum die Versuche, den Euro zu retten, nicht zum Ziel führen können, das soll im Einzelnen in den folgenden Kapiteln gezeigt werden.

2.
Charakter der aktuellen Weltwirtschaftskrise

Im Sommer 2012 wurde die weltweite Finanz- und Wirtschaftskrise fünf Jahre alt. Allein diese Dauer lässt sie zu einer historischen Zäsur in der Entwicklung des Kapitalismus werden. »Normale« Konjunkturkrisen dauern fünf Quartale. In diese Weltwirtschaftskrise sind Episoden der Erholung und des erneuten Abschwungs eingebettet. Die Krise gilt dann, wie zum Beispiel 2010 und 2011 in Deutschland, in der öffentlichen Wahrnehmung als beendet, wenn es vorübergehend wieder aufwärts geht. Wenn dann, wie im zweiten Halbjahr 2011 die Banken erneut zu wackeln und die Aufträge der Industrie zu schrumpfen beginnen, stellt sich heraus, dass die Probleme die alten sind und dass von einer Rückkehr zu den Wachstumsbedingungen von vor der Krise keine Rede sein kann.

Vom Typ her handelt es sich auch bei dieser großen Weltwirtschaftskrise um eine normale Überproduktionskrise, wie sie für den Kapitalismus typisch ist. Nur ist sie deutlich radikaler als die gemeine konjunkturelle Überproduktionskrise, die auch Konjunkturzyklus genannt wird und an die wir uns als zwangsläufige, wiederkehrende Erscheinung schon einigermaßen gewöhnt hatten. Die Radikalität dieser Krise zeigt sich zum einen in ihrer Hartnäckigkeit. Sie kann nicht auf die typische Art konjunktureller Krisen gelöst werden, wonach die Entwertung des überschüssigen Kapitals einen neuen Akkumulationszyklus ermöglicht.

Die Radikalität dieser Krise zeigt sich zum zweiten in den ökonomischen Daten. Der Wirtschaftseinbruch war in fast allen reifen kapitalistischen Ländern, den so genannten OECD-Staaten, so auch in Deutschland, im ersten Abschwung dieser Krise zwischen Ende 2007 und Mitte 2009 schärfer als je in der Geschichte seit dem II. Weltkrieg. Die Erholung seitdem hat unter den sieben größten traditionellen kapitalistischen Volkswirtschaften allein Kanada nennenswert über das Vorkrisenniveau hinausgeführt. Gemessen am Bruttoinlandsprodukt haben die USA und Deutschland Ende 2011 das Vorkrisenniveau ganz knapp übertroffen, Frankreich hat es knapp wieder erreicht, während Großbritannien, Italien und Japan weit unter dem damaligen Niveau geblieben sind. Die Kapazitäten der Volkswirtschaften bleiben in den meisten Ländern auch in der Erholungszwischenphase der Weltwirtschaft massiv unterausgelastet, und die Arbeitslosigkeit steigt. In dieser Hinsicht erweist sich die Entwicklung in Deutschland als Ausnahme. Aber auch hier bleibt die Investitionstätigkeit wie überall sonst in den OECD-Ländern schwach.

Die Radikalität dieser Krise zeigt sich drittens in den sozialen Auswirkungen, der steigenden Arbeitslosigkeit und wachsenden Armut. Sie zeigt sich schließlich auch in der Zerrüttung der Staatsfinanzen, der evidenten Ratlosigkeit der Regierungen, mit den Krisenfolgen umzugehen, und sie zeigt sich auch in der Unzufriedenheit der Regierten.

Die Krise ist historisch vergleichbar mit der großen Weltwirtschaftskrise der dreißiger Jahre des vorigen Jahrhunderts, die 1929 auch mit einem Finanz-Crash begann, und mit der schwerwiegenden Krise der 70er Jahre, die ebenfalls durch eine tiefe Rezession gekennzeichnet war, alle kapitalistischen Länder erfasste und die Phase fester Wechselkurse sowie die Prosperitätsperiode der Nachkriegszeit beendete. Die aktuelle Krise dürfte in diesem Sinne eine Umbruchkrise der Weltwirtschaft bedeuten. Sie beendet diejenige Phase eines wirtschaftspolitischen Regimes, das wir uns angewöhnt haben als neoliberal zu bezeichnen. Anders ausgedrückt, macht diese Krise deutlich, dass das neoliberale Modell nicht mehr funktioniert.

Das neoliberale Modell ist aus einer Krise des Kapitalismus, ähnlich der heutigen, in den späten siebziger Jahren des vorigen Jahrhunderts entstanden. Sein Vorgängermodell war wirtschaftspolitisch vom Keynesianismus geprägt, es orientierte auf eine teilweise Befriedung der Arbeiterklasse und setzte in betonter Form staatliche Mittel zur Stärkung der jeweils nationalen Kapitalakkumulation ein. Es wird von manchen wegen der in großen Industriebetrieben mit langen Fertigungsstraßen gewonnenen größeren Arbeitsproduktivität auch als »Fordismus« bezeichnet. Dieses frühere Wachstumsmodell ging aufgrund einer Mischung aus inneren Widersprüchen (steigender Inflation, fallender Dollar) und äußerem Widerstand (relativ starkes sozialistisches Lager, Niederlage der USA in Vietnam, steigende Rohstoffpreise) zu Ende. Die Regierungen von Thatcher (in Großbritannien von 1979 bis 1990) und Reagan (in den USA von 1980 bis 1988) markieren auf der am besten sichtbaren politischen Ebene den Beginn des Neoliberalismus. (Interessant ist in diesem Zusammenhang, dass in den USA schon 1979 der vom Demokraten James Carter eingesetzte Zentralbankchef Paul Volcker mit radikal restriktiver Hochzinspolitik die Phase des Neoliberalismus einleitet. Den alten Volcker findet man in dieser Wirtschaftskrise als engen Wirtschaftsberater des US-Präsidenten Barack Obama wieder.)

Fünf markante Merkmale kennzeichnen das neoliberale kapitalistische Wirtschaftsmodell:

- Es zielt radikaler und direkter als das Vorgängermodell auf eine Erhöhung der Kapitalrendite. Zu diesem Zweck werden die Gewerkschaften systematisch geschwächt, wird von Seiten des Staates Druck auf die Löhne ausgeübt. Marxistisch gesprochen wird mit allen Mitteln versucht, die Mehrwertrate zu erhöhen.
- Nationale Schutzschranken für den Warenhandel und den Kapitalverkehr werden systematisch abgebaut, um stärkere Kapitale zu bevorzugen und die Monopolisierung voranzutreiben.

- Die transnationalen Konzerne bauen zunächst in den Industrieländern, nach 1989/90 auch in den Ländern der 2. und 3. Welt im Rahmen der so genannten Globalisierung Produktionsverbünde auf. Damit gelingt es, Arbeitskräfte und natürliche Ressourcen billig einzukaufen und die Früchte des Produktivitätsfortschritts vollständig der Kapitalseite zukommen zu lassen.

- Um die Kosten für das Kapital niedrig zu halten, wird der Staat kurz gehalten und geplündert. Die Privatisierung von Staatsvermögen, die Vernachlässigung der Infrastruktur, von Bildung und Erziehung und Gesundheit der breiten Bevölkerung gehören zum Kern des neoliberalen Credos.

- Schließlich entsteht im Zentrum des neoliberalen Modells ein rasant und immer schneller wachsender, überdimensionierter Finanzsektor. Er ist Resultat der ungleicher werdenden Einkommensverteilung, da die wachsenden Profitmassen in den Händen der Wenigen in Anlagen außerhalb der Produktionssphäre drängen. Umgekehrt gelingt es, über die Spekulation im Finanzsektor die Kapitalrendite weiter zu erhöhen.

Wenn man sich heute die Periode des Neoliberalismus ansieht, muss man anerkennen, dass die Herren und wenigen Damen, die diese Politik weltweit durchgesetzt haben, durchaus erfolgreich waren. Verglichen mit 1980 ist vor allem die Verteilung ungleicher geworden. Das trifft nicht nur auf einige Länder zu, sondern auf alle. In allen Industrieländern, in den USA, in Großbritannien, Deutschland, Frankreich, Italien, Holland und Japan, ja auch in den skandinavischen Ländern, die immer noch einen großen Staatssektor haben und einigermaßen intakte soziale Sicherungssysteme, ist der Anteil der Profite am Volkseinkommen heute bedeutend höher als 1980. Umgekehrt ist der Anteil der Einkommen aus abhängiger Beschäftigung, die so genannte Lohnquote, in allen Ländern in diesen dreißig Jahren gesunken. Für die USA veröffentlicht das Budget Office des Kongresses (www.resolutionfoundation.org) geradezu klassische Daten: Zwischen 1979 und 2007 hat das reale, also inflationsbereinigte Einkommen nach Steuern der ein Prozent reichsten

Haushalte um 275 Prozent zugelegt. Die obersten 20 Prozent der Einkommenspyramide konnten ihr Einkommen in dieser Zeit um immerhin 65 Prozent steigern. Das untere Fünftel hat in den betrachteten 28 Jahren gerade mal um 15 Prozent und die 60 Prozent in der Mitte um durchschnittlich knapp 40 Prozent mehr Realeinkommen erzielt.

Angesichts dessen muss man feststellen, dass es nicht so schwierig ist, zu erklären, wie es zu dieser großen konjunkturellen Krise gekommen ist. Die schwierige Frage besteht vielmehr darin, warum es so lange gedauert hat bis zu dieser Krise. Marxisten jedenfalls und andere kluge Ökonomen hatten eine solche Krise sehr viel früher erwartet. Denn die typische Krankheit des Kapitalismus ist schließlich die Überproduktionskrise. Sie entsteht aus dem Widerspruch zwischen zu hohen Profiten einerseits und zurückbleibenden Lohn- und Sozialeinkommen andererseits. Etwa so: Grundsätzlich wird der Wirtschaftskreislauf im Kapitalismus von der Erwartung der Kapitalisten auf Profit in Gang gehalten. In der Hochkonjunktur, wenn die Wirtschaft bestens läuft, besteht nicht nur die Erwartung auf hohe Profite. Diese Profite stellen sich tatsächlich auch ein. Sie müssen ihrerseits aber wieder angelegt werden – mit einer mindestens ebenso hohen Erwartung auf Profit in der Zukunft verknüpft. Dem schnellen Wachstum der Profitmasse steht aber irgendwann einmal eine im Vergleich dazu relativ zurückbleibende Nachfrage nach Waren und Dienstleistungen gegenüber. Die Kapitalisten sehen keine ihren Maßstäben entsprechenden profitablen Anlagemöglichkeiten mehr. Sie horten die angehäuften Profite in Geldform. Sie investieren sie nicht. Die Nachfrage nach Investitionsgütern geht damit zurück. Der Wirtschaftskreislauf stockt. Die Krise beginnt.

Da das neoliberale Regime diesen Widerspruch programmgemäß noch verstärkt, die effektive Kaufkraft der breiten Masse also noch weniger Schritt halten kann mit der Entwicklung der Profite, müsste die kapitalistische Überproduktionskrise in einem neoliberalen Regime noch schneller eintreten als ohnehin. Das war aber nicht der Fall. Zwar gab es in der betrachteten Periode zwei ausgeprägte

Rezessionen zu Beginn der 90er Jahre und in den ersten Jahren des neuen Jahrhunderts. Verglichen mit der langen Doppelkrise in der Zeit von 1973 bis 1982, in der der Übergang zum Neoliberalismus durchgesetzt wurde, waren diese Konjunkturabschwünge aber vergleichsweise harmlos.

Vermutlich waren es drei gewichtige Entwicklungen im Kapitalismus der letzten dreißig Jahre, die den Ausbruch der großen und eigentlich fälligen Überproduktionskrise verhindert oder besser verzögert haben.

- Das ist erstens die technologische Revolution der Mikroelektronik und Informationstechnik. Der mit ihr verbundene Produktivitätsfortschritt hat die Profite auf breiter Front gesteigert. Wichtiger noch, sie hat einen Investitionszyklus in Gang gesetzt, der diese Profite absorbieren konnte. Diese technische Erneuerung hat nicht nur neue Konsumgüter hervorgebracht, sondern auch die Modernisierung des gesamten fixen Kapitals gefordert.

- Zweitens hat die Niederlage des Sozialismus in Europa und der Sowjetunion das Gebiet des Kapitalismus sprunghaft erweitert. Quantitativ bedeutender noch war die auch in dieser Zeit stattfindende Einbeziehung Chinas in den Kapitalismus. Insgesamt sind damit mehr als zwei Milliarden Menschen in das System der Mehrwertproduktion neu integriert worden. Auch diese Entwicklung hat den Kapitalisten grandiose Profit versprechende Investitionsmöglichkeiten eröffnet. Kapital strömte aus allen Regionen des alten Kapitalismus nach Ostasien und in den wilden europäischen Osten. Rosa Luxemburg hat die These aufgestellt, dass der Kapitalismus dann untergehen wird, wenn er geographisch nicht mehr expandieren kann. So weit hat sie bestimmt recht, dass die Expansion des Kapitalismus in den letzten Jahrzehnten ihm neues Leben eingehaucht hat.

- Drittens entwickelte das neoliberale Regime einen enorm aufgeblähten Finanzsektor. Er wurde von den enormen Profitmassen gespeist. Er stellte stets wachsende und dringend gebrauchte Anlageobjekte für die immer größer werdende Menge an Kapital zur Verfügung. Der stärker als die Realwirtschaft wachsende Finanzsektor absorbierte einen immer größeren Anteil des anfallenden Gesamtprofits. Zugleich erschloss sich das Kapital des Finanzsektors von der gemeinen Mehrwertproduktion scheinbar unabhängige Profitquellen. Die zunehmende Verschuldung, die gleichbedeutend ist mit einem entsprechenden Wachstum der Vermögensansprüche, hat so dazu beigetragen, den Eintritt der fälligen Wirtschaftskrise zu verzögern.

Der wuchernde Finanzsektor

Es lohnt sich, einen Blick auf die Funktionsweise von Banken und Geld zu werfen, und darauf, was es bedeutet, wenn der Finanzsektor über eine längere Periode hinweg stärker wächst als die Realwirtschaft. »Realwirtschaft« ist ein Begriff, den die Banker selber erfunden haben und nutzen. Sie meinen damit, einfach ausgedrückt, die wirtschaftliche Welt außerhalb der Bank. Das ist die Welt der Produktion, des Handels, der Landwirtschaft, des Verkehrs und der realen Dienstleistungen wie etwa einem Haarschnitt und einer Opernaufführung. Selbst die virtuellen Welten aus dem Internet sind Teil der Realwirtschaft. Im Gegensatz dazu ist »Irrealwirtschaft« die Welt der Finanzen. Dazu zählen als wichtigste Institutionen Banken und Versicherungen, außerdem Fonds, die Börsen und schließlich die relativ jungen Institutionen wie Hedge-Fonds und Private-Equity- oder Beteiligungs-Fonds. Für letztere hat sich, Franz Müntefering folgend, in Deutschland der Ausdruck Heuschrecken eingebürgert. Der Zweck der Hedge- und Private-Equity-Fonds ist es, den Reichtum der ohnehin sehr Begüterten weiter zu mehren. Sie sind insofern typische Produkte des Neoliberalismus.

Während auf realwirtschaftlichen Märkten Waren (und Dienste) gegen Geld getauscht werden, wird in der irrealwirtschaftlichen Finanzwelt Geld gegen Geld getauscht. Das ist nur auf den ersten Blick absurd. Es sind die verschiedenen Formen des Geldes, die getauscht

werden, zum Beispiel also eine Aktie gegen Bargeld, oder Versiche-
rungsprämien gegen das Versprechen einer Rente oder eine Währung gegen eine andere. Man braucht kein Marxist zu sein, um zu erkennen, dass in der Finanzwirtschaft kein Wert geschaffen wird. Die
Finanzwirtschaft konstruiert und tauscht vielmehr Ansprüche oder
juristische Titel auf die in der Realwirtschaft produzierten Werte.

Die Schätzungen darüber, um wie viel stärker auf dem Globus
das Finanzvermögen gewachsen ist als die Realwirtschaft, sind unterschiedlich. Das hängt davon ab, welche Daten herangezogen werden. Aber an der Tatsache als solcher besteht kein Zweifel. Es scheint
ebenso sicher, dass sich der Prozess des relativ schnelleren Wachstums des Finanzsektors in jüngerer Zeit noch einmal beschleunigt
hat. Die Deutsche Bundesbank drückt sich so aus: »Die Finanzmärkte sind in den letzten Jahren stürmisch gewachsen. Nach Angaben
des IWF summierten sich die weltweit ausstehenden Finanzaktiva
(Bankaktiva, Schuldverschreibungen, Aktien) Ende 2006 auf 194
Billionen US-Dollar, verglichen mit 106 Billionen US-Dollar vier
Jahre zuvor. Die bereits für Ende 2007 vorliegenden Daten zu Aktien und Schuldverschreibungen deuten darauf hin, dass inzwischen
die Marke von 200 Billionen US-Dollar überschritten wurde. Zudem
ist das Verhältnis der globalen Finanzaktiva zum Weltsozialprodukt
seit 2002 um mehr als 75 Prozentpunkte gestiegen und lag Ende
2006 bei über 400 Prozent. Das Weltfinanzsystem ist damit deutlich
schneller gewachsen als die Weltwirtschaft.« (Monatsbericht 7/08
der Deutschen Bundesbank)

Der im Vergleich zur Realwirtschaft zu groß geratene Finanzsektor, seine Disproportionalität zeigt sich in einer Vielzahl von Erscheinungen. So hat sich der Wert der Finanzfirmen am Gesamtwert
der Börse in den letzten zwanzig Jahren von einem Anteil von 15
auf etwa 30 Prozent verdoppelt. Wenig überraschend entspricht der
gestiegene Anteil am Börsenwert dem ebenfalls deutlich gestiegenen
Anteil des Finanzsektors an den Gewinnen des Gesamtkapitals. In
den USA hat der Nettogewinn der im Finanzsektor tätigen Kapital-
gesellschaften 2006 einen Wert von 2,7 Prozent des Nationaleinkom-

mens erreicht – ein bis vor Kurzem als unmöglich erachtetes Niveau. Zwischen 1929 und 2000 lag das Mittel in den USA, wo es entsprechend lang zurückgehende statistische Daten gibt, bei 0,9 Prozent. Der Höchstwert aus dieser langen Periode lag bei 1,5 Prozent und stammt bezeichnenderweise aus dem Jahr 1929. (Nach ›Financial Times Deutschland‹, 03.06.2008)

Natürlich ist auch die Zahl der Beschäftigten im Finanzsektor relativ zur Zahl der im Verarbeitenden Gewerbe und im Handel Beschäftigten gestiegen. Ein anderer Indikator ist die hohe Bewertung der Börse selbst. Nicht nur die Preise für Aktien, auch die für andere Wertpapiere und überhaupt Vermögensgegenstände wie zum Beispiel Immobilien sind enorm gestiegen. Kein Wunder, dass Volkswirte unentwegt Preisblasen an den verschiedenen Vermögensmärkten wie Aktien, Bonds, Immobilien feststellten. Kein Wunder auch, dass die Notenbanker in ihren jeweiligen Währungsräumen über Jahre hinweg deutlich über dem Nominalwachstum liegende Wachstumsraten für die Menge an Geld im Umlauf konstatierten. Die Kreditvergabe steigt Quartal für Quartal um ein Mehrfaches dessen, was das Wachstum des Sozialprodukts unter Einschluss der Inflation beträgt.

Der Boom des Finanzsektors, die hohen Preise für Vermögenswerte führen im Lauf der Zeit dazu, dass der Markt für Unternehmensübernahmen enorm in Schwung kommt. Es wird einfacher, das Geld für den Kauf von Unternehmen zusammenzubekommen. Bei steigenden Preisen am Aktienmarkt und damit für Unternehmen, erscheint das Risiko gering. Es entsteht eine neue Branche, die sich auf Unternehmenskäufe und -verkäufe spezialisiert. Es sind die »Private-Equity-Fonds«, in Deutschland gern auch als »Heuschrecken« bezeichnet, die nicht wie die einfachen Groß- oder Kleinanleger nur an der Börse spekulieren – Aktien billig kaufen und teuer verkaufen –, sondern das mit ganzen Unternehmen tun.

Zunächst ist der sich aufblähende Finanzsektor Ausdruck und zugleich wesentliches Mittel, die gesellschaftliche Mehrwertrate zu erhöhen. Offensichtlich ist der Zusammenhang, dass die ungleicher werdende Einkommensverteilung in der Gesellschaft zu höherem Anlagedruck des Kapitals führt. Die Investitionen im Finanzsektor können somit als Ausweichreaktion des Kapitals interpretiert werden, das vor den als zu niedrig erachteten Renditeerwartungen außerhalb des Finanzsektors flieht. Zugleich ist der Finanzsektor ein wichtiges Mittel, um sowohl die gesellschaftliche Mehrwertrate zu erhöhen, als auch die Profite innerhalb der Kapitalistenklasse in Richtung der Monopole umzuverteilen.

Ein entwickelter, großer Finanzsektor erhöht die Flexibilität des Kapitals. Er dient sozusagen als Schmiermittel beim Prozess des Ausgleichs der Profitraten. Die Suche nach der höchsten Rendite ist für das Kapital und seine Verwalter bei einem hoch entwickelten Finanzsektor eine billige und wenig Zeit raubende Angelegenheit. Ist der Finanzsektor dagegen wenig entwickelt, dann ist es für das in der industriellen Produktion engagierte Kapital mühsam und langwierig, sich einer lockenden anderen Investition zuzuwenden.

Fabriken, Immobilien, Lizenzen, Rechte und alles Drum und Dran müssen verkauft oder all diese schönen Dinge müssen verwertet oder schließlich beliehen werden, bevor das Kapital seine Beweglichkeit zurückgewinnt. Verkauf und Beleihung sind für den modernen hyperaktiven Finanzsektor kein Problem. Für ersteres bietet sich als Agent eine Investmentbank vom Schlage Goldman Sachs oder Deutsche Bank an. Für Letzteres ist der Kapitalist nicht mehr auf die Gnade und das Geschick seiner Hausbank angewiesen. Er hat vielmehr die Wahl. Auch Kapital in liquider Gestalt, zum Beispiel Aktien oder Anleihen, wird im entwickelten Finanzmarkt noch beweglicher. Die steigenden Umsätze am Kapitalmarkt zeigen es. Die Beweglichkeit des Kapitals erweist sich in der Auseinandersetzung mit den Lohnarbeitern als Vorteil. Entlassungen, Rationalisierungsmaßnahmen, Standortschließungen sind meist die unmittelbare Folge von Fusionen und Übernahmen. Die in volkswirtschaftlichen Seminaren an Universitäten und Business Schools gepriesene »Produktivität« des Finanzsektors bedeutet genau das: die Fähigkeit, eine höhere Ausbeutungsrate durchzusetzen.

Die hohen, im Finanzsektor erzielbaren Renditen führen dazu, dass die Investitionen des Anlage suchenden Kapitals vorwiegend weiterhin dort getätigt werden, während Investitionen in die übrige Wirtschaft, die »Realwirtschaft«, mäßig bleiben. Dies ist ein Grund dafür, dass das Wirtschaftswachstum in der Phase des Neoliberalismus gering geblieben ist. Der wichtigere Grund ist freilich die Tendenz stagnierender oder generell schwächer werdender Nachfrage. Alle hoch entwickelten, reifen kapitalistischen Länder haben mit diesem Problem zu kämpfen. Auch dieses Problem hat eine einfache Ursache. Es ist wiederum die ungleicher werdende Einkommensverteilung. Da die unteren Einkommens- und Lohngruppen in der Gesellschaft – auch dank der systematischen Zerstörung der Macht der Gewerkschaften – über allenfalls geringe Zuwächse ihrer Einkommen verfügen, wächst auch die Endnachfrage der Haushalte nicht. Da die Nachfrage nach Konsumgütern stagniert, steuert die neoliberale Volkswirtschaft chronisch in eine Unterkonsumptions- oder Überproduktionskrise. Diese von Karl Marx stammenden Ausdrücke beschreiben deutlich, dass die produzierten Güter am Schluss, anders als die bürgerliche (und neoliberale) Volkswirtschaftslehre uns weismachen will, nicht gekauft werden. Der Markt wird nicht geräumt. Relativ zur kümmerlichen Nachfrage wird zu viel produziert. Relativ zum Angebot an Waren wird zu wenig konsumiert.

Ein großer Finanzsektor trägt auch viel zur Umverteilung innerhalb der Kapitalistenklasse bei. Am deutlichsten wird das im hohen Einsatz von Fremdkapital. Wie das Beispiel der als Heuschrecken bekannten Finanzinvestoren zeigt, kann mit der Minimierung des Eigenkapitaleinsatzes und entsprechend hohen Fremdkapitalanteilen die Rendite auf das Eigenkapital bei entsprechend erhöhtem Risiko erheblich nach oben gehebelt werden. Je höher der Fremdkapitaleinsatz, je höher der Anteil der Bankkredite, desto höhere Anteile fließen in Richtung Finanzsektor. Diejenigen Kapitalisten, die sich als Zeichner von Hedge- oder Private-Equity-Fonds oder wie die Familien Porsche, Piëch, Schaeffler und Quandt/Klatten auf direktem Wege im Finanzsektor betätigen, können so, ganz wie das originäre

Bankkapital, einen Teil des im industriellen Sektor anderswo erzielten Profits für sich abzweigen.

Die überproportionale Expansion des Finanzsektors trägt auf zweierlei Weise dazu bei, dass sich der Eintritt der eigentlich fälligen Überakkumulationskrise verzögert:

- Der Finanzsektor absorbiert hohe anfallende Gewinne in unproduktive Investitionen.
- Durch im Finanzsektor entstehende Preis- und Spekulationsblasen werden Gewinne suggeriert, wird reale Investitions- und Konsumnachfrage angeregt.

Der erste Punkt ist offensichtlich. In der Phase, da der Finanzsektor wächst, absorbiert er größer werdende Anteile an den angehäuften Profitmassen. Diese »Investitionen« des Kapitals sind Finanzanlagen. Sie stehen nicht sofort zur industriellen Kapitalakkumulation zur Verfügung. Sie vergrößern zunächst nur die Ansprüche auf Teile des in der Gesellschaft entstehenden Profits. Sie erhöhen damit die Verschuldung der Gesellschaft. Sie erhöhen zugleich die Preise der Gewinnansprüche und verursachen damit die Spekulationsblasen.

Wozu Spekulationsblasen gut sind

Diese Blasen sind das spektakulärste und sicher auch interessanteste Resultat des Finanzsektors. »Resultat« ist kein besonders treffender Ausdruck, denn schließlich gilt auch, dass der Finanzsektor nicht nur die Spekulation produziert, sondern umgekehrt von ihr produziert und aufgebläht wird. Über den Charakter, über Ursachen und Folgen von Spekulationsmärkten und -krisen wird aus aktuellem Anlass in jüngster Zeit viel geschrieben. Hier nur einige wenige Anmerkungen dazu. Spekulationsmärkte sind Erscheinungen des Finanzsektors, denn es sind reine Preisphänomene. Von einer Spekulationsblase kann man dann sprechen, wenn die auf einem Markt Handelnden die Waren nicht mehr zum Verbrauch oder zur nützlichen Verwendung kaufen, sondern nur, um sie teurer wieder zu verkaufen.

Im Prinzip kann jeder Markt für jedes Produkt in dieses verrückte Spekulationsstadium eintreten. Dieses Produkt muss allerdings einen realen Wert (durchaus im Sinne der klassischen Werttheorie) haben oder zumindest versprechen. In diesem Sinne gleichen spekulative Finanzmärkte durchaus dem Casino. Die im Casino ausgegebenen Chips sind Ansprüche auf Bargeld, genau so wie die verschiedenen Derivate, ob Futures, Optionen oder Kreditversicherungsverträge, ebenso Ansprüche auf Zahlungen in »echtem« Geld bedeuten. Im Casino wird allerdings nicht gehandelt, sondern gespielt. Weil das Casino kein Markt ist, sondern weil alle gegen die Bank (den Casino-Veranstalter) spielen und jeder Gewinn zugleich einen Verlust für die Bank bedeutet und umgekehrt, fehlt bei dieser Veranstaltung jene Erscheinung, die die Spekulation überhaupt erst so attraktiv werden lässt: In der spekulativen Aufwärtsphase gewinnen alle. Alle beteiligten Spekulanten verkaufen teurer, als sie gekauft haben. Natürlich versuchen sie zugleich, sich gegenseitig zu übervorteilen. Das bestimmt nur darüber, wer mehr gewinnt als der andere. Grundsätzlich aber gewinnen bei steigenden Preisen alle.

Tatsächlich ist dieser Gewinn für alle nicht wirklich real. Er ist insofern fiktiv, als die Ware, mit der die Spekulationsgewinne erzielt werden, sich im Zuge der Spekulation und der steigenden Preise nicht verändert. Allein die Spekulanten haben mehr Geld in der Tasche. Das Fiktive dieser Gewinne wird in der Abwärtsphase der Spekulation bei auf breiter Front sinkenden Preisen schmerzhaft deutlich. Die Spekulanten verlieren, denn sie verkaufen billiger, als sie gekauft haben. Das Geld in ihren Taschen schwindet. Was vorher da war, ist nun weg. Wie zuvor der Gewinn, betrifft nun der Verlust alle.

Bemerkenswert ist zudem, dass die eigentlich nur fiktiven Gewinne der Spekulanten in der Aufwärtsphase reale ökonomische Wirkungen haben. Denn das zusätzliche Geld in den Taschen der Spekulanten führt dazu, dass sie nicht nur ihre Spekulationseinsätze erhöhen, sondern auch dazu, dass sie mehr andere Waren kaufen, beispielsweise Brötchen, Porsches, Luxusreisen oder teure Villen.

Im Ergebnis werden die Bäcker, Autoproduzenten, Reiseveranstalter, Makler und Baufirmen ihr Angebot bzw. ihre Produktion erhöhen. Aus einem fiktiven Reichtum der Makler wird also ein höchst reales Plus in der wirklichen Ökonomie. Somit erklärt sich auch, dass steigende Preise an Spekulationsmärkten, zum Beispiel am Aktienmarkt, durchaus wohlwollend, wenn nicht sogar begeistert kommentiert werden. Leider gilt der Zusammenhang der Spekulation mit der realen Wirtschaft auch in der Abwärtsphase. Die sinkende effektive Nachfrage der ärmer werdenden Spekulanten hemmt Absatz und Produktion.

In spekulativen Hochphasen wird also die Tendenz des neoliberalen Wirtschaftsmodells zu Stagnation und Unterkonsumption überspielt. Die Spekulation suggeriert steigende Gewinne in der Zukunft. Die Investitionen steigen. Sie schaffen zusätzliche Nachfrage und fördern damit den Aufschwung. Der bei steigenden Vermögenspreisen explodierende Reichtum in den Händen der an der Spekulation Beteiligten, färbt außerdem auf die übrige Gesellschaft ab. Die immer reicher werdenden Spekulanten fragen mehr Luxusgüter nach, sie bauen sich Häuser und Paläste und richten sie ein. Die zahlungskräftige Nachfrage nach Porsches, nach Immobilien, nach Reisen in der Business- oder der ersten Klasse steigt. Auch dadurch wird die Realwirtschaft angeregt. Wenn die Spekulationsblase geplatzt ist, schrumpft umgekehrt diese Nachfrage drastisch.

Auch die verrückteste Spekulation umkreist immer eine Ware oder Gruppe von Waren. Die Objekte der großen Spekulationswellen in der Phase des Neoliberalismus waren:

Ende der 70er Jahre des vorigen Jahrhunderts die Staatsschulden der lateinamerikanischen und anderer Entwicklungsländer. Diese Blase platzte 1982, als Mexiko zahlungsunfähig wurde. Die Periode danach gilt für Lateinamerika auch heute noch als das verlorene Jahrzehnt.

Ende der 80er Jahre erreichte die Spekulation um japanische Aktien und Immobilien ihren Höhepunkt. Zum Jahreswechsel 1989/90 platzte diese Blase. Die zuvor kräftig und dauerhaft wachsende japanische Wirtschaft, die auch der Anlass für diese Spekulationswelle gewesen war, geriet in eine Stagnationsphase, die zuweilen nur von Rezessionen unterbrochen wurde. Bis heute hat sich Japan nicht erholt.

1997 brach die Spekulation auf die boomenden Ökonomien der asiatischen Tigerstaaten (Südkorea, Taiwan, Hongkong, Singapur, Thailand und Indonesien) in sich zusammen. Die realwirtschaftlichen Folgen auch dieser Finanzkrise betrafen hauptsächlich diese Länder. Sie erlitten schwere Rezessionen. Eine Spätfolge war die Russlandkrise, in deren Gefolge schließlich der von zwei Nobelpreisträgern für Wirtschaft geführte Hedge-Fonds LTCM fast zusammenbrach und von der US-Notenbank gerettet werden musste.

Die vorletzte große Spekulationskrise betraf den internationalen Aktienmarkt und da besonders das Teilsegment der Internet- und Telekommunikationsaktien. Der Preisanstieg dieser Aktien verlief bis ins Frühjahr 2000 hinein außergewöhnlich spektakulär. Der folgende Crash dauerte zwei Jahre. Als Konsequenz gingen die Investitionen drastisch zurück. In Deutschland dauerte die dadurch eingeleitete Rezessions- und Stagnationsperiode bis 2005. Sie war damit die längste Stagnationsphase nach dem II. Weltkrieg.

Der Wohnimmobilienmarkt in den USA, die Verschuldung der US-Haushalte und damit die Verschuldung der reichsten und größten Volkswirtschaft des Globus waren die Elemente, die schließlich die größte Spekulationsblase in der Geschichte des Kapitalismus ausmachten. Die US-Wirtschaftspolitik hatte bereits zwei Jahrzehnte lang explizit die positiven Wirkungen der Finanzspekulation nicht nur auf die Gewinne der Spekulanten selber, sondern auch auf die Ökonomie in der Breite ausgenutzt. Die Politik der Notenbank unter Alan Greenspan folgte diesem Muster. Der von Goldman Sachs kommende Finanzminister Präsident Clintons (1992–2000), Robert Rubin, untermauerte in den neunziger Jahren diese Taktik auch verbal mit der »Politik des starken Dollar«. Der Dollar sollte dabei nicht wirklich gegenüber anderen Währungen teurer werden. Es ging vielmehr um die Attraktivität der auf Dollar lautenden Vermögensansprüche. Diese Politik ging voll und ganz auf. Seit den neunziger Jahren des vorigen Jahrhunderts waren die USA das größte Kapitalimportland. Auch nach Rubin und selbst in der Aktienmarktkrise von 2000 bis 2003, deren Zentrum schließlich auch in den USA lag, strömte weiter Kapital in die USA.

Dieser Kapitalstrom finanzierte ohne Probleme das wachsende Außenhandels- und Leistungsbilanzdefizit der USA. In immer stärkerem Maße diente der Zufluss von Kapital der Finanzierung des Konsums der US-Bürger. Die US-Haushalte, deren Lohneinkommen ebenso stagnierte wie das ihrer Kollegen in anderen Ländern, finanzierten einen wachsenden Anteil ihres laufenden Konsums mit steigender Verschuldung. Dank der damit kräftigeren Endnachfrage war das Wachstum in den USA stetig höher als in Europa oder gar Japan. Da die Haushalte in der Volkswirtschaft der USA ein Gewicht von 70 Prozent haben und die US-Wirtschaft wiederum mit etwa 30 Prozent am Weltsozialprodukt immer noch die bei weitem größte Volkswirtschaft der Erde ist, wirkte die durch Verschuldung aufgepeppte Nachfrage als effektiver Nachfragesog der Weltwirtschaft. Das aufstrebende China richtete sich mit einer auf rasantes Wachstum getrimmten Exportindustrie von Konsumgütern ganz darauf aus. Andere Exportländer wie Japan und Deutschland lieferten vorwiegend die Investitionsgüter in alle Welt, waren aber indirekt ebenso von der stetig steigenden Konsumgüternachfrage der USA abhängig. Knapp zusammengefasst hat die Spekulation die Verschuldung der USA ermöglicht und damit auf globaler Ebene der Tendenz zur wirtschaftlichen Stagnation entgegengewirkt, die sich aus der Unterkonsumption der breiten Massen in von wachsender Ungleichheit gekennzeichneten Gesellschaften ergibt.

Als die Finanzkrise im Sommer 2007 ausbrach, hörte auch das internationale Kapital auf, den Konsum der US-Haushalte zu finanzieren. Entsprechend wuchs dieser nicht mehr. Aufgrund der nachlassenden Nachfrage glitt die US-Volkswirtschaft Ende 2007 in die Rezession. Es dauerte etwa neun Monate, bis sich die schwach werdende Nachfrage auch in den Aufträgen der deutschen Exportwirtschaft niederschlug. Aber es war unvermeidlich. Schließlich hatten die USA (und einige andere Länder wie Großbritannien) mit ihrer Importnachfrage die Weltkonjunktur in Schwung gehalten. Die resultierende Weltwirtschaftskrise ist die typische Unterkonsumptionskrise, bei der es an effektiver Nachfrage fehlt. Die lohnabhängigen Konsumenten kaufen nicht, weil es ihnen an Geld fehlt, die Unternehmen investieren nicht, weil die Absatzchancen mager sind. Die Banken geben keinen Kredit, weil sie angesichts magerer Konjunkturaussichten um die Rückzahlung fürchten und weil sie aus ihren spekulativen Altengagements noch weitere Löcher in ihren Bilanzen erwarten. Die Finanzkrise trieb ihrem ersten Höhepunkt zu.

3.
Das Platzen und die Folgen

Der Herbst 2008 leitete die zweite Phase der Finanzkrise ein. Als Eckdatum gilt die Pleite der damals viertgrößten Investmentbank der Welt, Lehman Brothers, Mitte September. Der Fall dieser Bank spielt eine wichtige Rolle in der Apologetik der Banker und der sie protegierenden Politiker. Diese beiden für die Finanzkrise verantwortlichen Berufsgruppen vertreten hartnäckig die These, erst der Zusammenbruch von Lehman Brothers habe die Finanzkrise wirklich zur weltweiten Wirtschaftskrise ausgeweitet. Wie nicht anders zu erwarten, wird diese These denn auch gern ungeprüft in den Medien übernommen. Sie lautet ungefähr so:

Erst als die auf dem Globus tätigen Wirtschaftssubjekte erkannt hatten, dass die US-Regierung eine so tolle Bank wie Lehman Brothers, einer der fünf weltweit verehrten Wall-Street-Broker, nicht rettete, sondern ungerührt pleite gehen ließ, da habe sie eine Art Schockstarre überkommen. Da hätten diese Subjekte von Feuerland bis nach Ostsibirien, von Island bis Australien plötzlich aufgehört, ihrer üblichen Wirtschaftstätigkeit nachzugehen. Sie hörten auf, Investitionen zu tätigen, Investitionsgüter zu bestellen, und begannen stattdessen die schon bestellten zu stornieren. Kurz, die Theorie besagt, die Realwirtschaft sei weltweit durch einen psychologischen Effekt in einen Abwärtstaumel geraten. Mit der Lehman-Pleite plötzlich einsetzende Angst habe jeglichen Unternehmergeist erstickt. Es gibt auch noch eine Variation dieser Theorie, die ihre Verfechter in der Art der Rechtsanwälte vor Gericht »ersatzweise geltend machen«. Danach hätten nach der Lehman-Pleite die Banken aufgehört zu funktionieren. Sie hätten keinen Kredit an die Unternehmen mehr vergeben. Diese hätten dann wegen fehlender Finanzierung die eigentlich geplanten Einkäufe und Investitionen aufgeben müssen.

Keine dieser beiden unterstellten Wirkungsketten hat es wirklich gegeben. Warum sollten Unternehmer in aller Welt vom Untergang einer Investmentbank so schockiert sein? Nicht Lehman Brothers war für die reale Wirtschaft des Globus wichtig, sondern der US-Bürger als Käufer von Waren aus aller Welt. Schließlich war die Finanzkrise, als Lehman in die Pleite entlassen wurde, bereits mehr als ein Jahr alt. Der bis 2007 funktionierende Mechanismus war bereits unterbrochen, bei dem die Banken und Fonds der ganzen Welt die Hypotheken der US-Bürger in netter Neuverpackung gierig aufkauften und diese damit in die Lage versetzten, dank höherer Verschuldung kräftig einzukaufen. Der nun bröckelnde Konsum leitete im vierten Quartal 2007 in den USA den Beginn der Rezession ein.

Freundlicherweise schüttete die Regierung Bush im ersten Halbjahr 2008 noch etwa 160 Mrd. US-Dollar zur Konsumstützung an die Bürger aus. Das stabilisierte die Konjunktur in den USA und verzögerte den Eintritt der Weltrezession um einige Monate. Sie kam dann aber mit umso größerer Wucht. Im September 2008 endlich stellten selbst so professionelle Krisenleugner wie der damalige deutsche Finanzminister Peer Steinbrück oder die Deutsche Bundesbank eine Weltrezession fest. Auch für die ersatzweise vorgebrachte These spricht nichts. Als Lehman fiel, hatten der Geldmarkt unter Banken und andere Segmente des Finanzmarktes längst aufgehört, in gewohnter Weise zu funktionieren. Die Banken hatten bereits Hunderte von Milliarden Dollar, Pfund, Franken oder Euro abgeschrieben. Sie hatten Bedarf an Eigenkapital und große Mühe, es aufzutreiben. Lehman Brothers gelang dieses Kunststück nicht. Kapital und Kredit waren längst knapp geworden. Die Banken hatten ihre früher großzügige Kreditvergabe bereits ein Jahr lang eingeschränkt. Nicht der Fall von Lehman Brothers hat die Kreditvergabe unterbrochen. Vielmehr ist Lehman gefallen, weil Kapital und Kredit bereits knapp waren.

Es kann als sicher gelten, dass die öffentlichen Verfechter der Theorie von der entscheidenden Wirkung der Lehman-Pleite nicht wirklich an sie glauben. Sie ist schließlich völlig unplausibel. Aber sie passt ihnen bestens in den Kram. Man nehme nur den erwähnten Peer Steinbrück und seinen damaligen verantwortlichen Staatssekretär Jörg Asmussen (der genau diesen Posten auch in der zweiten Regierung Merkel innehatte und 2012 einer der sechs Direktoriumsmitglieder der EZB wurde) und ihren von der Presse überwiegend als souverän gelobten Auftritt vor dem Untersuchungsausschuss des Bundestages ein Jahr später. Beide stellten die Notlage der Münchner Bank Hypo Real Estate (HRE) als Folge der Fehlentscheidung der US-Regierung dar, Lehman pleite gehen zu lassen. Diese Entscheidung wiederum sei unvorhersehbar gewesen. So rechtfertigen die Herren, dass sie dreizehn Monate lang die Finanzkrise nicht bemerkt oder ihre Existenz einfach verdrängt haben. Das ist auch deshalb besonders frech, weil beide ja gleich zu Beginn der Krise im Sommer 2007 mit dem Absturz der Industriekreditbank (IKB) und der SachsenLB ganz eng befasst gewesen waren. Zu behaupten, man habe das HRE-Desaster nicht kommen sehen können, ist ähnlich albern wie die Behauptung mitten im Gewitter, mit einem Blitzeinschlag sei nicht zu rechnen.

Auch bei Bankern (und ihren Aufsehern) ist die These von der durchschlagenden, verheerenden Wirkung der Lehman-Pleite äußerst populär. Sie rechtfertigt die enormen Summen, die zur Bankenrettung in aller Herren Länder aufgewendet wurden. Sie macht es den Politikern leicht, die Existenz der Banken zu garantieren. Welche Regierung wagt es nun noch, eine Bank pleite gehen zu lassen und die angeblich verheerenden Wirkungen in Kauf zu nehmen? Kurz, alle Banken sind nach dieser These systemrelevant. Musste der Chef der deutschen Finanzaufsicht Bafin, Jochen Sanio, bei der Rettung der IKB zu Beginn der Krise noch den lange zurücklie-

genden Vergleich mit dem Untergang der Danat-Bank 1931 in der
Weltwirtschaftskrise bemühen, so reichte ihm im Untersuchungsausschuss zur HRE-Stützung der Hinweis auf Lehman. Sein im September 2008 zusammen mit Bundesbankpräsident Axel Weber ver-
fasster Appell an die Regierung, die HRE mit viel Geld zu stützen,
sieht mit der Lehman-Theorie im Rücken nicht wie Panikmache zugunsten des Bankensektors, sondern wie die berechtigte Warnung
vor dem Untergang der Welt aus.

In Wirklichkeit waren weder Lehman Brothers noch die HRE
für die Volkswirtschaft systemrelevant. Bei Lehman fand der Test
statt. Der von der Krise bereits arg gebeutelte Finanzmarkt wurde
einmal kräftig durchgeschüttelt. Für den Wertpapierhandel und den
Handel in Finanzderivaten bedeutete das einige schwierige Wochen
der Abwicklung und Rückabwicklung. Aber nicht einmal für den
Finanzmarkt im engeren Sinne hatte Lehman eine wirklich systemi-
sche Bedeutung.

Die Bedeutung des Falls dieser Bank liegt vielmehr darin, dass
die Regierungen von diesem Moment an aktiv wurden. Sie handelten dabei allesamt ähnlich. Zum einen mobilisierten sie enorme
Summen, um ihre jeweiligen heimischen Finanzkonzerne vor dem
Untergang zu retten. In Deutschland wurde das Bankenrettungspa-
ket im Umfang von 480 Mrd. Euro im Rekordtempo durchs Parlament gejagt. Dabei kam es zur Verstaatlichung der komplett maroden
Hypothekenbank Hypo Real Estate und zur Teilverstaatlichung der
zweitgrößten Bank des Landes, der Commerzbank. Ganz ähnlich
wie in Deutschland handelten die Regierungen in den europäischen
Nachbarländern und in den USA. Bemerkenswert ist vor allem,
dass es innerhalb der EU und sogar innerhalb der Eurozone nicht
zu einer gemeinsamen Aktion zur Stabilisierung des Finanzsektors
kam. Vielmehr traten unter Führung der deutschen Regierung die
Nationalstaaten in einen edlen Wettstreit, wer mehr Steuergeld zur
Stützung der heimischen Banken mobilisieren kann.

Nie zuvor wurde das Stück »Wie der staatsmonopolistische Kapitalismus, genannt Stamokap, funktioniert« auf so offener Bühne so

völlig lebensecht aufgeführt. Entscheidend für den Fortgang der Dinge war, dass jeder, der hören und sehen kann, begreift, dass der Staat
im Ernstfall für die Banken haftet und sie rettet. Die zentrale deutsche Szene des Stücks wurde, wie bereits geschildert, von Kanzlerin
Angela Merkel und dem damalige Finanzminister Peer Steinbrück
an einem Sonntag im Oktober 2008 dem Publikum vor laufenden
Kameras vorgeführt. Ernst, aber entschlossen wirkend teilten sie den
Bürgern mit, ihre Einlagen bei deutschen Banken seien sicher. Der
Staat bürge für alles, sagten sie. Ohne eine solche Erklärung wäre es
zu einem »Run« auf die Banken gekommen. Die Bürger hätten ihr
Geld zurückverlangt. Da dieses schöne Geld aber in sinnvollen und
sinnlosen kapitalistischen Projekten »arbeitete«, wären die Banken
zahlungsunfähig, also pleite gewesen. Unternehmen und Bürger wären ohne ihr Geld gleichermaßen zahlungsunfähig geworden. Die
kapitalistische Wirtschaft wäre zusammengebrochen. Die Rettungs-
aktion der kapitalistischen Staaten für die Banken war also notwendig. Ohne sie wären nicht nur die Banken, sondern die ganze hüb-
sche Volkswirtschaft, in der nicht nur Kapitalisten leben, den Bach
runtergegangen.

Zum Vorteil der Weltkonjunktur erhöhten die Regierungen zugleich ihre laufende Verschuldung und damit die effektive Nachfrage. Wie bereits erwähnt, hatte schon die Regierung Bush im Frühjahr
2008 ca. 160 Mrd. Dollar in der US-amerikanischen Bevölkerung
verteilt und zwar, was bei einer derart reaktionär-konservativen Regierung wirklich erstaunlich ist, nicht nur unter den Reichen, also
ihrer eigentlichen Klientel, sondern auch unter denen, die keine Ein-
kommensteuer zahlten, den Wenigverdienern und Mittellosen. Das
bremste den Absturz, hielt ihn aber nicht auf.

Im Winterhalbjahr 2008/09, als der massive Einbruch des Handels und der Nachfrage offensichtlich wurde, beschlossen die Regierungen fast aller entwickelten kapitalistischen Länder große Aus-
gaben- und Konjunkturprogramme. In den USA wurde kurz nach
der Regierungsübernahme durch Barack Obama ein zweijähriges
Programm im Volumen von rund 800 Mrd. Dollar aufgelegt, das

etwa fünf Prozent des US-Bruttoinlandsprodukts eines Jahres entsprach. Auch China legte ein großes Konjunkturprogramm auf (etwa 450 Mrd. Euro), das gezielt der Entwicklung der völlig vernachlässigten Inlandsnachfrage gelten sollte. Schwerpunkte waren neben Maßnahmen zur Verbesserung der Infrastruktur auch der Aufbau einer Kranken- und Sozialversicherung. Deren Abwesenheit hatte unter anderem zu der exorbitant hohen Sparquote der chinesischen Bevölkerung geführt. In Europa waren die angekündigten Summen der Programme nicht nur absolut, sondern auch relativ zur Größe der europäischen Volkswirtschaften bescheidener. Im November 2008 addierte die EU-Kommission das Volumen der bis dahin verkündeten Konjunkturprogramme auf 200 Mrd. Euro, entsprechend 1,5 Prozent des EU-BIP. Im Sommer 2009 war die Gesamtsumme auf 2,1 Prozent des BIP gestiegen.

Alle diese Zahlen sind mit Vorsicht zu genießen. Es werden dabei völlig unterschiedliche Maßnahmen addiert. Vor allem auf der Zeitachse unterscheiden sich diese Maßnahmen erheblich. Die britische Mehrwertsteuersenkung im Herbst 2008 wurde zum Beispiel sofort wirksam und soll damals auf ein Jahr bezogene Steuerausfälle und die entsprechende Steigerung der Massenkaufkraft von umgerechnet 22 Mrd. Euro ausgemacht haben. Die Maßnahmen vieler Regierungen waren aber mittel- bis langfristiger Natur. Auch sie dürften die Konjunktur stützende Effekte gehabt haben. Die Konjunkturprogramme in Deutschland fielen weder besonders kräftig, noch besonders schwach aus. Zunächst beschloss die damalige CDU/CSU/SPD-Koalition ein Konjunkturstützungsprogramm von ungefähr 12 Mrd. Euro. Danach wurden noch einmal 50 Mrd. Euro, verteilt auf zwei Jahre, nachgelegt. Die spektakulärste Einzelmaßnahme war dabei die Abwrackprämie, die die Autoindustrie stützen sollte. Autokäufer bekamen beim Kauf eines Neuwagens 2.500 Euro bar auf die Hand, wenn sie nachweisen konnten, dass sie ihr altes Auto verschrottet hatten. Die verteilte Summe wurde – auch angesichts der damals bevorstehenden Bundestagswahlen – von 1,5 auf 5 Mrd. Euro erhöht.

Verblüffend an den deutschen Konjunkturprogrammen war, dass sie überhaupt zustande kamen. Denn Konjunkturstützung mittels höherer Staatsverschuldung oder überhaupt jeder keynesianische Gedanke war in allen Regierungsparteien, insbesondere natürlich bei der FDP, und sogar bei den Grünen zum Tabu geworden. Es zeugt also von einer gehörigen Portion Anpassungsfähigkeit, dass just jene Personen wie Kanzlerin Merkel und Finanzminister Steinbrück, die noch im Sommer 2008 fiskalische Stimulierung als »kontraproduktiv« und als »Strohfeuer« abgetan hatten, kein halbes Jahr später rasch die massivste konjunkturelle Stimulierung in Deutschland seit der DDR-Übernahme inszenierten. Allerdings durfte das erste Konjunkturpaket noch nicht so heißen.

So ideologisch verblendet die Regierung auch redete, mit ihrer keynesianischen Konjunkturpolitik hat sie, zusammen mit den anderen Staatslenkern, 2009 das Abrutschen der Weltkonjunktur in eine Abwärtsspirale verhindert. Die Abwärtsspirale stellt eine Entwicklung dar, wie sie in den 30er Jahren des vorigen Jahrhunderts eingetreten ist: Der massive Rückgang der Investitionen und der zunächst leichte Rückgang des Konsums, die unmittelbares Resultat des Zusammenbruchs der Finanzspekulation sind, bewirkt im ersten Schritt, dass die Unternehmen die Produktion drosseln, dann auch die Produktionskapazitäten herunterfahren und Arbeiter entlassen. Steigende Arbeitslosigkeit führt zu nun schneller sinkenden Konsumausgaben, was wiederum zu weniger Investitionen und weniger Produktion führt usw. Da wir es 2008/09 mit einem weltweiten Einbruch von Auftragseingang, Handel und Investitionen zu tun hatten, war vom Außenhandel für einzelne ökonomische Regionen keine Rettung zu erwarten. Ohne den staatlich organisierten Nachfrageschub wäre ein Abgleiten in der Abwärtsspirale unvermeidlich gewesen.

Ein zweiter, mindestens ebenso wichtiger Aspekt ist die Tatsache, dass in vielen hoch entwickelten kapitalistischen Ländern soziale Sicherungssysteme bestehen. Obwohl diese in den letzten beiden Jahrzehnten immer mehr abgebaut wurden, entfalten sie in Krisenzeiten offensichtlich immer noch eine stabilisierende Wirkung. Die Arbeitsschutzgesetzgebung hindert die Unternehmen daran, ihre Beschäftigten sehr schnell und sehr massiv auf die Straße zu setzen. Diejenigen, die arbeitslos werden, fallen nicht sofort in die Armut, sondern beziehen zunächst ein Arbeitslosengeld, das noch nicht allzu weit von dem zuvor erreichten Lohnniveau entfernt ist. In dieser Krise hat speziell in Deutschland die Kurzarbeiterregelung einen krisendämpfenden Effekt gehabt. Der scharfe Konjunktureinbruch hatte aus diesen Gründen keinen ähnlich scharfen Rückgang der Binnennachfrage zur Folge. Der Verstärkereffekt des Abschwungs setzte sich nicht voll durch.

Stabilisierungseffekte kamen auch aus den großen so genannten Schwellenländern wie Brasilien, Indien und vor allem China. Anders als in früheren Abschwungphasen der Weltwirtschaft sind diese Länder nicht mehr auf die Zufuhr von Kapital aus den reichen Ländern angewiesen. Sie können also Dürreperioden in der Nachfrage auf dem Weltmarkt jetzt besser überstehen. Sie können, anders als früher, die Binnennachfrage im eigenen Land stärken und so das Wirtschaftswachstum einigermaßen aufrechterhalten. Auf das besonders große Konjunkturprogramm Chinas wurde bereits hingewiesen. Tatsächlich gab es in China nur eine leichte Wachstumsdelle. Die Stabilisierung des Welthandels im Laufe der Jahre 2009 und 2010 hat wesentlich mit der relativ positiven Entwicklung der Volkswirtschaften Asiens und Südamerikas zu tun.

Ein Boom in der Krise

Durch mehrere Sondereffekte wurde der Bankenapparat im selben Jahr zum Profiteur der Finanzkrise, die er selbst ausgelöst hatte. Erstens senkten die Notenbanken ihre Leitzinsen auf ein extrem niedriges Niveau: praktisch Null in den USA und Japan, ein Prozent in der Eurozone. Zweitens zwang die schwache Konjunktur die kapitalistischen Staaten, wie beschrieben, ihre Kreditaufnahme auszuweiten.

In der Wirtschaftskrise geht das Kreditvolumen zurück. Unternehmen und Privathaushalte versuchen, ihre Verschuldung abzubauen. Bei schwacher Gesamtnachfrage sinken die Investitionen und sinkt demnach die Nachfrage nach Krediten. Für die Banken werden die defizitären staatlichen Haushalte zu noch wichtigeren Kunden. Sie ersetzen die private Kreditnachfrage. Zugleich sind sie in der Regel zuverlässige Schuldner. Drittens traten die Notenbanken als Käufer von Schuldpapieren auf und stützten damit die Preise. Die EZB kaufte Pfandbriefe, später auch Staatsanleihen. Die US-Notenbank Fed kaufte ebenfalls mit Hypotheken besicherte Schulden und ebenfalls Staatsanleihen – allerdings in erheblich größerem Maße.

Angesichts solch vielfältiger und wahrhaft großzügiger staatlicher Unterstützung war es kein Wunder, dass sich der Finanzmarkt in so guter Form präsentierte. Das Standardgeschäft einer normalen, in Deutschland angesiedelten Geschäftsbank bestand daraus, sich von der Notenbank zu einem Prozent Geld zu leihen und es zu gut drei Prozent einer Stadt, einem Bundesland oder einem kommunalen Betrieb, jedenfalls einer sicheren staatlichen Adresse, wieder zu verleihen. Bei längerer Laufzeit des vergebenen Kredits konnte aus der Zinsdifferenz von gut zwei Prozentpunkten auch eine von drei oder vier Punkten werden. Ein Problem hatten die Banken und Fonds allerdings. Es glich dem von vor der Krise aufs Haar. Verglichen mit der Menge an Geld, das sie anzulegen hatten, waren die Investitionsmöglichkeiten gering. Und höher rentierliche Geschäfte blieben ausgesprochen rar. Am Aktienmarkt redeten die Händler ganz wie 2006 wieder vom Anlagenotstand, der die Fondsmanager dazu veranlasse, trotz der miserablen Situation vieler Unternehmen doch in den Aktienmarkt zu investieren.

In einem Punkt unterschied sich 2009 und 2010 die Situation von der vor Ausbruch der Krise. Selbst die dümmsten unter den Finanzakteuren ahnten, dass die Situation labil war. Der Finanzboom basierte, wie oben beschrieben, komplett auf den Stützungsaktionen staatlicher Organe. Ein Konjunkturaufschwung war nicht in Sicht. Nirgendwo am Horizont war erkennbar, dass die wieder aufgelebte Spekulation und die steigenden Preise für Aktien und Rohstoffe auch realwirtschaftliche Anstöße geben würden. Auch in dem Segment, wo die Krise ausgebrochen war, am Immobilienmarkt in den USA, war keine Erholung in Sicht. Es war abzusehen: Wenn die Nothilfeprogramme für die Banken einmal beendet sein würden, würde auch die Fülle des in Anlage drängenden Geldes verschwinden. So entwickelte sich immer wieder jene paradoxe Marktreaktion: Bei schlechten Konjunkturdaten springt der Aktienmarkt hoch, bei guten sackt er ab. Denn, so das triviale Kalkül der Investoren, wenn die Lage schlecht bleibt, verlängern die Notenbanken die üppige Geldzufuhr. Wenn sie besser wird, hören sie auf damit.

Die labile Lage verleitete auch 2010 viele Beobachter der Szene dazu, vor dem erneuten Platzen dieser sich wieder blähenden Blase zu warnen. Keine Sorge, so konnte man ihnen zurufen, diese Krise war die alte. Sie hatte allerdings das nicht durchgeführt, was Krisen im Kapitalismus tun sollen, nämlich eine Bereinigung der Situation. Hätte die Krise ihren Verlauf genommen, so wäre ein erheblicher Teil des Geldkapitals nicht bedient, also vernichtet worden. Die Abschreibungen bei den Banken und die Verluste der Hedge-Fonds waren Schritte in diese Richtung. Begreift man den Finanzsektor jeder Volkswirtschaft, also auch der Weltwirtschaft, als eine Ansammlung von Krediten, so kann dieses gesammelte Kreditvolumen auf zweierlei Weise zurückgeführt werden. Erstens kann Kredit getilgt, das heißt zurückgezahlt werden. Dann ist er verschwunden. Oder der Schuldner wird zahlungsunfähig oder weigert sich zu zahlen. Der Gläubiger muss dann diesen Kredit abschreiben. Auch damit ist der Kredit verschwunden.

In der Anfangsphase der Finanzkrise fand dieser Prozess auf breiter Front und in beiden Versionen massenhaft statt. Die Kreditabschreibungen bei den Banken dürften summiert um die drei Billionen oder 3.000 Mrd. Dollar ausgemacht haben. Die Lehman-Pleite und die darauf folgende Bestandsgarantie der Regierungen für den Finanzsektor haben dessen Schrumpfungsprozess gebremst, wahrscheinlich sogar gestoppt. Zwar wurden in den USA vor allem eine

Reihe von kleineren Banken geordnet in den Konkurs entlassen. Die großen und mittleren Banken aber wurden entweder gestützt oder von Konkurrenten übernommen. In Deutschland wurde nicht einmal die kleine IKB abgewickelt. Für das Überleben der mittelgroßen Bank Hypo Real Estate (HRE) wendete der deutsche Steuerzahler unter Anleitung der Privatbanken und ihres Verbandes mehr als 100 Mrd. Euro auf. Mit großem Einsatz wurde die Last der Dresdner Bank dem Münchener Versicherungskonzern Allianz abgenommen, indem der Staat sich an der Commerzbank mit 18 Mrd. Euro Eigenkapital beteiligte, damit diese die Dresdner übernehmen konnte. Ohne diese Assistenz hätte die Allianz die Dresdner Bank großenteils abschreiben müssen.

Es ergab sich damit folgendes unerfreuliche Ergebnis der staatlichen Rettungsaktionen: Nach mehreren Jahren offener Finanzkrise ist der Finanzsektor in der globalisierten Weltwirtschaft fast so groß wie vor Ausbruch der Krise. Das ist leider kein harmloser Zustand. Vielmehr bedeutet das auch, dass die Ansprüche auf Zahlung, die der Finanzsektor abstrakt gesprochen darstellt, im Vergleich zur Gesamtwirtschaft ebenfalls fast unverändert hoch sind. Ein entsprechend hoher Anteil des Profits wird so vom Handels- und Industriekapital in Richtung Geldkapital umgeleitet. Man könnte meinen, den Lohnabhängigen könne es egal sein, wie innerhalb der Kapitalistenklasse der Gesamtprofit verteilt wird. Ganz so ist es nicht. Denn der Zwang, große Teile des Gewinns an das Bankkapital abführen zu müssen, treibt die Unternehmen dazu, vor allem die Kosten zu reduzieren und die Investitionen zu minimieren. Die Art und Weise, wie die mit hohen Fremdkapitalanteilen arbeitenden »Heuschrecken« mit den von ihnen gekauften Unternehmen umgehen, ist eine gute Illustration der das Wachstum dämpfenden Wirkung des Kreditkapitals.

Die Weltwirtschaftskrise dauert an, der Finanzsektor bleibt, vom Staat gestützt, so groß und dominant und unreguliert wie zuvor. Das ist eine verheerende Mischung. Sie garantiert, dass die Volkswirtschaften sich nur langsam, wenn überhaupt erholen. Die Geschichte Japans nach dem großen Crash am dortigen Immobilien- und Aktienmarkt 1989/90 zeigt, wie es laufen kann. Die massiven Staatshilfen wurden weitgehend vom Finanzsektor aufgesaugt und flossen als Kapitalexport in die Finanzmärkte des übrigen Globus. Die Binnennachfrage und damit die Realwirtschaft stagnierten. Japan driftete in die Deflation, in der sich das Land noch heute befindet. Die Perspektiven für die Weltwirtschaft sind düster. Sogar das relativ hohe Wachstum vieler Schwellenländer wird sich nicht lange durchhalten lassen, wenn die Metropolen des Kapitalismus stagnieren. Der merkwürdige Zwischenzustand, in dem sich der Finanzsektor befindet, eine hin- und herschwappende Folge von Spekulationswellen, die von nichts anderem als der Verschuldung und Geldversorgung der Staaten getragen wird, konnte nicht lange dauern. Ein größerer Konkursfall hätte der merkwürdigen Euphorie ein Ende setzen können. Die Staaten der Eurozone hätten diesen Fall mehrfach beinahe geliefert.

4.
Die Macht des Finanzkapitals

Bevor wir uns den Besonderheiten des Euro und der Staatsschuldenkrise zuwenden, ist es sinnvoll, sich noch einmal etwas intensiver mit
den eigentlichen Akteuren in der Angelegenheit zu befassen. Dazu
ist es hilfreich, sich alter Theorien zu vergewissern, die sich in diesen
Krisenzeiten glänzend bestätigen und bei der Analyse der Ereignisse
als nützlich erweisen.[*]

Nichts und niemand hätte uns deutlicher die Herrschaft des Finanzkapitals vor Augen führen können als die Vorgeschichte, der
Ausbruch und der Verlauf der immer noch aktuellen Finanz- und
Weltwirtschaftskrise. Kein Wunder, dass die These von der Herrschaft des Finanzkapitals – in dieser oder jener Formulierungsvarian-
te – mittlerweile Allgemeingut geworden ist. Manche reden von der
zu großen Macht der Banken, andere von der Dominanz des Finanzmarktes, wieder andere von der Vorherrschaft des Finanzsektors. Die
Herrschaft des Finanzkapitals dürfte mittlerweile ein Teil des Alltags-
bewusstseins geworden sein. Irritierend daran ist, dass auch viele, die
an der Herstellung der aktuellen Zustände wesentlich beteiligt waren,
also Politiker der staatstragenden und kapitalismusfreundlichen Va-
riante und ihre ideologischen Helfer bei den Politologen und Volks-
wirten, wirklich oder dem Schein nach solche Thesen vertreten.

---

[*] Dieses Kapitel basiert auf dem Debattenbeitrag: Lucas Zeise, Die Herrschaft
     des Finanzkapitals. Über Monopolprofite, Staat und Bankenmacht – Eine
     Replik auf Guenther Sandleben (›junge Welt‹, 30.5.2012)

Das dürfte auch einer der Gründe dafür sein, warum manche Marxisten gerade jetzt in Zeiten der größten Akzeptanz die These von der Herrschaft des Finanzkapitals zurückweisen. Es ist in der Tat irritierend, wenn Sozialdemokraten vom Schlage eines Helmut Schmidt oder Peer Steinbrück verbal auf die bösen Banker eindreschen und davon reden, dass diese Figuren entmachtet werden sollten. Es gibt sogar unter Bankern und Hedge-Fonds-Managern einige – zum Beispiel jenen George Soros, der Anfang der 90er Jahre wesentlich daran beteiligt war, das britische Pfund aus dem damaligen Europäischen Währungssystem zu katapultieren, und damit eine Milliarde Dollar Gewinn machte –, die erkannt zu haben meinen, dass das Finanzsystem in seinem jetzigen Zustand sich selbst und damit den Kapitalismus selbst gefährdet, kurz, dass es geschäftsschädigend ist. Obwohl diese Leute selber Finanzkapitalisten sind, sind sie, anders gesagt, der Auffassung, dass das Finanzkapital zu viel Macht hat, zu dominant ist und deshalb strengerer Kontrolle unterworfen werden sollte.

Da kann man schon verstehen, dass es Marxisten gibt, die argumentativ weder mit dem klugen George Soros, noch dem beschränkten Peer Steinbrück im selben Boot sitzend gefunden werden wollen. Meist ziehen sie sich auf die grundlegende Erkenntnis zurück, dass der Kapitalismus an sich krisenhaft ist, dass sein Grundwiderspruch aus Vergesellschaftung der Arbeit einerseits und privater Aneignung andererseits in der Produktionssphäre wurzelt und dass die Krisen der Finanz- und Zirkulationssphäre nur Reflexe der eigentlichen kapitalistischen Krise sein müssen. Das ist alles grundsätzlich und auch im Grundsatz richtig. Wer so argumentiert, hat denn auch immer recht. Der Kapitalismus und sein innerer Widerspruch sind schuld an der globalen Weltwirtschaftskrise, sie sind die tiefe Ursache für Bankzusammenbrüche, übergroße Staatsschulden, die Existenz von Heuschrecken, den ökonomischen Widersinn von Überproduktion, nicht geräumten Märkten, Arbeitslosigkeit, Armut, Hunger, Not, Krankheit und zu frühen Tod. Aber diese Grundsatzerklärung hilft wenig weiter. Sie ist historisch zu unkonkret. Außerdem lässt sie die

Frage offen, ob das Finanzkapital überhaupt eine besondere Rolle im Kapitalismus spielt, welche das ist und ob es sinnvoll ist, von einer speziellen Herrschaftsposition des Finanzkapitals zu sprechen. Diese Fragen sind zumal dann von Bedeutung, wenn es darum geht, politisch einzugreifen und Konzepte für einen Ausweg aus der Krise zu entwickeln.

Erfreulich ist es da, wenn marxistische Ökonomen, die eine besondere Rolle des Finanzkapitals nicht erkennen können, sich auch konkreter auf die Analyse einlassen. Neuere Beispiele dafür sind Michael Wendl, Die Dämonisierung des Unbekannten – Kritik der Theorie des »Finanzkapitals« (›Sozialismus‹ 5/2012) und Guenther Sandleben, Mythos Bankenmacht (›junge Welt‹, 29.5.2012). Erfreulich ist dies auch deswegen, weil die Zurückweisung ihrer Argumente zugleich eine günstige Methode ist, die besondere Rolle des Finanzsektors im heutigen Kapitalismus zu erläutern. Ich beziehe mich im Folgenden vor allem auf Sandlebens kurzen Aufsatz.

Sandleben stützt seine Thesen im Wesentlichen auf drei Argumente:

- Erstens hält er es für unmöglich, dass es im Wettbewerb der Kapitalisten untereinander einer Branche überhaupt gelingen kann, dauerhaft eine gewisse Vormachtstellung zu erreichen. Dagegen spricht seiner Meinung nach das von Marx und der bürgerlichen Ökonomie gleichermaßen anerkannte Gesetz vom Ausgleich der Profitraten.

- Zweitens meint Sandleben, dass der Glaube an die Macht der Banken auf einem falschen Verständnis des Kredits beruht.

- Drittens meint er, dass die in den letzten Jahrzehnten ungeheuer gewachsenen finanziellen Vermögensansprüche, von Marx als »fiktives Kapital« bezeichnet, keine wirklichen Kapitalwerte darstellen, sondern rein illusorisch sind.

Schon das erste dieser Argumente richtet sich gegen den Kern der Sache, nämlich gegen die seit Rudolf Hilferding, Rosa Luxemburg, Lenin und vielen anderen mehrheitlich unter Marxisten vertretene Auffassung von einem von Monopolen wesentlich geprägten Kapitalismus. Es wendet sich also gegen deren Imperialismustheorien. Für Sandleben gilt das Gesetz vom Ausgleich der Profitraten, das bei Karl Marx im Zentrum seiner Werttheorie steht, absolut. Es verhindere, meint Sandleben, zuverlässig und auf Dauer Monopole. Wir hätten es also auch heute noch mit einem Kapitalismus der freien Konkurrenz zu tun. Konkret argumentiert Sandleben wie folgt: Wenn die Banken eine so große Vormachtstellung unter den Kapitalisten hätten, würden sie diese nutzen, um eine höhere als die übliche Profitrate für sich abzuzweigen. Das aber würde dazu führen, dass Kapital aus anderen Branchen in den Bankensektor strömen würde, dass also Industriekapitalisten neue Banken gründen würden oder zusätzlich in schon bestehende Banken investieren würden. Das sei ganz offensichtlich nicht der Fall gewesen, meint Sandleben, denn die Profitrate im Bankensektor sei »keinesfalls dauerhaft höher« gewesen als in der Industrie. Man kann oder sollte das bestreiten. Es würde allerdings lange Auseinandersetzungen über die richtige Profitratenermittlung in den wichtigsten kapitalistischen Ländern voraussetzen. Entscheidend ist ein anderer Punkt: Sandleben gesteht selbstverständlich zu, dass der Finanzsektor einen insgesamt gewachsenen Anteil am Gesamtkapital erreicht hat. Was bedeutet das anderes, als dass tatsächlich in der Industrie und im Handel akkumuliertes Kapital in den Finanzsektor geflossen ist und ihn relativ zu diesen stark hat wachsen lassen? An diesem Befund ist empirisch übrigens nicht zu zweifeln. In der »Periode des Neoliberalismus« seit den 1970er/80er Jahren bis heute ist der Anteil des Finanzkapitals am Gesamtkapital in allen kapitalistischen Ländern auf ein Mehrfaches angeschwollen.

Selbst wenn wir also keine höhere Profitrate im Finanz- und Bankensektor feststellen sollten als in Handel und Industrie, bleibt ein Rätsel bestehen: Nach dem Gesetz vom Ausgleich der Profitraten hätte der Zufluss von Kapital aus anderen Sektoren in den Finanzsektor dort zu einer Erhöhung des Angebots, zu einem Sinken der Preise für Finanzdienstleistungen, insbesondere des Kredits und schließlich zu einem Sinken der dort erzielten Profite unter das

Durchschnittsniveau führen müssen. Das hat nicht stattgefunden. Des Rätsels Lösung ist einfach. Es lautet Monopol. Das Monopolkapital definiert sich gerade dadurch, dass es ihm – auf welchem Weg auch immer – gelingt, seine Profitrate höher zu halten, als es unter den Bedingungen des reinen Konkurrenzkapitalismus und dem ungehinderten Wirken des Gesetzes vom Ausgleich der Profitraten ansonsten der Fall wäre. Wenn man wie Sandleben kategorisch ausschließt, dass es im Kapitalismus zur Bildung von Monopolen kommen kann, und wenn man die Fähigkeit und tatsächliche Praxis dieser Monopole, eine höhere Profitrate zu erzwingen, nicht zur Kenntnis nimmt, dann wird man allerdings auch keine Vorherrschaft des Finanzkapitals feststellen.

Auf die Methoden, mit denen das Finanzkapital (in der Regel) eine besonders hohe Profitrate erzwingt, bezieht sich Sandlebens zweiter Haupteinwand. Es geht hier um das Geschäft der Banken, um den Kredit und um die Natur des Geldes. Er stellt zunächst klar, dass eine Bank bei der Kreditvergabe die Verfügung über den verliehenen Geldbetrag real verliert. Denn das ist schließlich der Zweck der Übung, über das geliehene Geld verfügt nun der Kreditnehmer, der Kapitalist, der mit diesem Geld je nach Bedarf Investitionen tätigen, Lohnarbeiter auszahlen oder Rohstoffe einkaufen kann. Sandleben betont, dass die Bank als Kreditgeber mit diesem Geschäft nichts mehr zu tun hat, sie hat lediglich den Anspruch auf Zahlung von Geld. Sie steht damit, so schreibt er, »außerhalb dieses ökonomischen Kreislaufs, ohne darüber in irgendeiner Weise zu verfügen.«

Von dieser durchaus richtigen Feststellung zum Charakter des Kredits aus greift Sandleben nun jene an, die dem guten alten Rudolf Hilferding folgend, »die Macht der Bank auf die gesamte Wirtschaft beziehen.« Hilferding lasse die verleihende Bank zugleich industrielle Kapitalistin werden, sie scheine das Geld, das sie gerade in Form eines Kredits weggegeben hat, weiterhin zu besitzen, sie erscheine als Bank und zugleich als industrieller Kapitalist. So werde seit Hilferdings Zeiten die Verschmelzung von Bank- und Industriekapital zum »Finanzkapital« begründet. Sandleben kommt das absurd

vor. Mir scheint, er möge sich das Verhältnis der Bank zum Kreditnehmer noch einmal genauer ansehen. Er wird feststellen, dass die
Absurdität Realität ist:

Der Kreditnehmer verfügt zwar über die Geldsumme, die er ge-
liehen bekommt. Aber schon beim Abschluss des Kreditvertrages
wird die Bank spezifizieren, zu welchem Zweck der Kredit aufge-
nommen wird. Danach richten sich zum Beispiel Laufzeit und Zins-
konditionen. Die Bank wird zugleich eine Sicherheit verlangen, die
im Regelfall ein Teil des Industriekapitals sein wird. Die Verfügungsgewalt des Kreditnehmer-Kapitalisten über das geliehene Geld ist
von Anfang an stark eingeschränkt. Die Bank hat, anders als Sandleben meint, mit den Sicherheiten durchaus mehr in der Hand als nur
den reinen Rechtsanspruch auf Geldzahlung. Wenn der Kapitalist
nicht zahlt oder nicht zahlen kann, also pleite geht, findet sich die
Bank dann notorisch als neuer Eigentümer des kapitalistischen Betriebes wieder. Der Kredit wird zum Eigenkapital, wie die Banker
sagen. Die Bank wandelt sich ganz real zum industriellen Kapitalisten. Schon dieses, in Wirtschaftskrisen durchaus häufige Phänomen,
sollte Sandleben eigentlich überzeugen, dass die Banken ein ganz
besonderes und besonders machtvolles Kapital darstellen und wie
realistisch Hilferdings Verschmelzungsthese schon vor hundert Jahren war.

An dieser Stelle ist es angebracht, auf einen Aspekt des kapitalistischen Geld- und Kreditsystems hinzuweisen, den Samtleben und
andere, die die Macht der Banken und des Finanzkapitals leugnen,
ganz ausblenden. Es ist die Fähigkeit der Banken, Kredit zu schöpfen, was wiederum nichts anderes heißt als die Fähigkeit, Geld aus
dem Nichts zu schaffen. Dass Sandleben davon nichts weiß, ist unwahrscheinlich. Dass er es für einen Mythos hält, kann sein. Wahrscheinlich passt es einfach nicht in seine These, dass das Geld- oder
Finanzkapital keine besondere Rolle im aktuellen, hoch entwickelten Kapitalismus spielen.

Bei Sandleben wickeln die Banken den Zahlungsverkehr ab,
nehmen das überschüssige Geld der Kapitalisten und Lohnabhängi-

gen als Einlagen entgegen und verleihen die bei ihnen angefallenen Geldsummen. Diese Betrachtung ist so weit ganz in Ordnung. Man sollte nur nicht vergessen, dass die Banken nicht nur das Geld verleihen, das sie tatsächlich besitzen, sondern sie verleihen auch Geld, das sie nicht besitzen. Dies ist eine Fähigkeit, die sie vom Staat verliehen bekommen. Weil eine Bank eine Bank ist, kann sie am Geldschöpfungsprozess teilnehmen. Konkret geht das folgendermaßen vor sich: Die Bank gewährt in einem ersten Schritt einem Kunden einen Kredit. Sie schreibt dem Kunden den kreditierten Betrag auf dessen Konto gut. In diesem Moment entsteht Geld. Der Kunde hat den kreditierten Betrag zur Verfügung, zugleich aber auch eine entsprechende Schuld gegenüber der Bank. Im zweiten Schritt zahlt der Kunde Rechnungen aus seinem gut bestückten Girokonto. Geld in entsprechender Höhe fließt von diesem Konto auf Konten anderer Personen und Firmen bei anderen Banken. Wenn die Bank am Auszahlungstag über ausreichend Geld verfügt, zahlt sie die abgerufenen Summen aus ihrem Bestand. Hat sie das Geld nicht, wendet sie sich an andere Banken, und zwar auf dem so genannten Geldmarkt unter Banken.

Der Geldmarkt ist normalerweise ein lautloses, wenig aufregendes und alles andere als spekulatives Geschäft. Je nachdem, welche Zahlungsverpflichtungen oder Bargeldzuflüsse die Banken an einem Tag haben, treten sie am Geldmarkt als Käufer oder Verkäufer von Geld auf. Dieses Geld wird auf kurze Sicht gehandelt. Es ist ein Kredit von einem Tag auf den nächsten (Tagesgeld) oder von einer Woche, einem Monat, drei Monaten usw. Die Handelsspannen in diesem Geschäft sind gering, die Laufzeiten der Kredite sind kurz, aber die Volumina sind hoch. Der funktionierende Geldmarkt bedeutet für die Banken, dass sie keine Reserven für ihre besonderen Zahlungsverpflichtungen vorhalten müssen, weil sie sich am Markt jederzeit liquide Mittel beschaffen können.

Am Geldmarkt ist noch eine weitere, ganz besondere Bank tätig, die Zentral- oder Notenbank. Sie dominiert diesen Markt. Es ist ihr Markt und eigentliches Wirkungsfeld. Zwar sind alle Kreditinstitute, wie die Banken in Deutschland auch heißen, Geldschöpfer, aber die Notenbank ist es in ganz besonderer Weise. Am Geldmarkt saldieren sich die Überschüsse und Defizite der verschiedenen Banken jeden Tag. Jedoch bleibt nicht jeden Tag ein Saldo von Null übrig, sondern ein kleiner Überschuss oder ein Defizit von im Regelfall einigen Milliarden Euro. Diese Defizite oder Überschüsse bedeuten, dass die Banken in einem Währungsgebiet insgesamt entweder mehr Zahlungen leisten mussten, als sie herein bekamen, oder mehr herein bekamen, als sie zahlen mussten.

Entscheidend für den saldierten Geldbedarf am Geldmarkt ist, wie unser Beispiel nahelegt, letztlich die Entwicklung der Kreditvergabe. Auch hier zählt der Saldo, der übrig bleibt zwischen der Summe der getilgten und der neu gewährten Kredite. Wer diesen Saldo allein ausgleichen kann, ist die Notenbank. Sie könnte es auch unterlassen. Sie könnte drittens nur den Teil des Saldos ausgleichen, der ihr zusagt. Sie könnte, anders ausgedrückt, die Kreditvergabe der Geschäftsbanken ganz oder teilweise ausbremsen, indem sie eine Mengenbeschränkung vornimmt. Das tun die Notenbanken, mit denen wir es heute zu tun haben, ausdrücklich nicht. Die Notenbanken stellen den Banken, anders ausgedrückt, deren Geldbedarf jederzeit in voller Höhe zur Verfügung. Sie steuern die Geldmenge nicht direkt, sie verzichten auch darauf, die Kreditvergabe selektiv zu ermöglichen oder zu erschweren. Sie beschränken sich vielmehr darauf, das Ausmaß der Kreditgewährung alias Geldschöpfung indirekt zu steuern. Diese indirekte Steuerung nehmen die Notenbanken der großen kapitalistischen Länder fast ausschließlich über den Zins, den so genannten Leitzins vor.

Man kann also festhalten, dass im gemeinen, aktuellen Kapitalismus das Banksystem als Ganzes über die Geld- und Kreditschöpfung verfügt. Diese Fähigkeit wird ihm vom Staat verliehen, indem die Notenbank das ihr übertragene Recht der Geldschöpfung weitgehend an die Banken abtritt. Das Bankkapital verfügt damit zugleich über einen wichtigen Hebel, die eigene Rentabilität, sprich Profitrate zu steigern. Die dem Finanzkapital vom Staat verliehene und garantierte Fähigkeit zur Geldschöpfung ist zugleich die beste Illustration dafür, dass wir es heute mit einem staatsmonopolistischen Kapitalismus (kurz Stamokap genannt) zu tun haben.

Wirksame Illusion des fiktiven Kapitals

Schließlich noch einige Sätze zum »fiktiven Kapital«. Auf diesen Begriff von Marx stützt sich Sandleben, um all jene widerlegen zu können, die dem Finanzkapital, also dem fiktiven Kapital, eine führende und dominante Rolle im aktuellen Kapitalismus zusprechen. Dabei stellt Sandleben den von Karl Marx im 3. Band des Kapitals eingeführten Begriff korrekt dar. Für Karl Marx ist fiktives Kapital all jene »ungeheure Masse des sog. zinstragenden Kapitals oder moneyed capital in dieser Form« (Marx-Engels-Werke [MEW], Bd. 25, S. 486). Der Bankkredit, der Wechsel, die Aktie, die Staatsanleihe, all das sind ihm Formen des fiktiven Kapitals. Er nennt diese Erscheinungen so, weil diese Papiere den Anspruch erheben, Kapital zu sein. Demgegenüber beharrt Marx zu Recht darauf, dass Kapital tatsächlicher Wert sein muss. Es muss als produzierendes Kapital die Form von Produktionsanlagen, Rohstoffen und Arbeitskräften haben. Die oben genannten Wertpapiere, für die Marx den Ausdruck fiktives Kapital verwendet, sind eben nicht selbst Kapital. Vielmehr repräsentieren sie es nur. Alle Siemens-Aktien sind nicht das Unternehmen Siemens selbst, sondern nur die Eigentumstitel auf Siemens. Es entsteht so eine scheinbare Verdoppelung des Kapitals. Neben das tatsächliche Kapital tritt der Anspruch auf das Kapital in Form von Eigentumstiteln. Auch Staatsanleihen werden im Bankerdeutsch als Kapital bezeichnet. Sie sind allerdings noch weniger tatsächliches Kapital als Aktien. Denn sie verbriefen nur den Anspruch auf Zinszahlung aus dem Staatssäckel. Der Fiskus ist jedoch kein kapitalistischer Betrieb. Die fiktive Eigenschaft von Aktien und Anleihen äußert sich, wie Marx schreibt, auch in ihrer sonderbaren Preisbildung im Börsenhandel oder – allgemeiner – dem Kapitalmarkt. Die

Kurse der Siemens-Aktien und der Bundesanleihen haben mit dem
Wert des Unternehmens Siemens oder dem finanziellen Zustand
des deutschen Staates nur sehr vermittelt etwas zu tun. Vielmehr
bestimmen spekulative Bewegungen diese Preise. Der »Kapitalge-
winn«, den der Spekulant macht und den er selbst sowie der Fiskus
bei der Besteuerung so nennt, ist, wie Marx anmerkt, keineswegs
kapitalistischer Gewinn/Profit oder gar Mehrwert. Er ist vielmehr
Spekulationsgewinn.

Der Spekulationsgewinn wird vornehmer auch Vermögenspreiseffekt genannt. Mit diesem Effekt verfügt der Finanzsektor über ein
geradezu magisches Mittel, Reichtum zu erzeugen, der nicht aus der
Arbeit stammt, sondern buchstäblich aus dem Nichts entspringt. Der
Grundmechanismus ist allen bekannt. Er findet am augenfälligsten
am Aktienmarkt der Börse statt. In Hausse-Phasen, wenn die Preise
für Wertpapiere steigen, profitieren alle, die an einem solchen Wert-
papiermarkt beteiligt sind. Es kommt bei diesem Effekt nicht darauf
an, dass sich die Wertpapiere oder die Unternehmen, auf die sich
die Wertpapiere beziehen, wertvoller werden. Der Markt vollzieht
durchaus unabhängig davon kurze oder auch lange Aufwärtsphasen.
Die längste Hausse des internationalen Aktienmarktes in jüngerer
Zeit dauerte vom August 1982 bis zum März 2000, also beinahe vol-
le 18 Jahre.

Die beteiligten Spekulanten gewinnen in einer Haussephase
nicht auf Kosten der anderen Spekulanten, sondern sie werden allesamt reicher. Jedem gelingt es, teurer zu verkaufen, als er gekauft
hat. Die Differenz zwischen relativ billigem Einkaufspreis und relativ teurem Verkaufspreis streicht der Spekulant ein. Der andere Spekulant, der von ihm relativ teuer eingekauft hat, verkauft das Papier
ein Weilchen später noch teurer und streicht ebenfalls die Differenz
ein. Das ist das Schöne an steigenden Vermögenspreisen. Sie tun nie-
mandem weh, alle profitieren. Steigende Preise anderer Waren sind
normalerweise überhaupt nicht populär. Diese Preissteigerung aber
ist es. Tatsächlich ist der Reichtum der Spekulanten nur fiktiv. Denn
die reale Welt hat sich nicht verändert. Wenn die Börsentendenz

kippt und die Kurse purzeln, verschwindet der fiktive Reichtum meist schneller, als er entstanden ist. Finanzjournalisten schreiben dann – ausnahmsweise einmal treffend – soundso viele Milliarden Dollar oder Euro seien in diesem oder jenem Crash »vernichtet« oder »verbrannt« worden. In der Tat, was vorher – fiktiv – da war, ist nun tatsächlich weg.

Ist dies schon ein Wunder, so ist noch wundersamer, dass der fiktive Reichtum aus der Spekulation realen, wirklichen Reichtum schafft. Der Grund ist einfach. Die Spekulanten, die in der Aufwärts-phase der Börse mehr Geld in der Tasche haben, stecken nicht alle Erlöse wieder in die Spekulation. Sie kaufen auch mehr Güter, mehr Brötchen, mehr Porsches und gelegentlich auch mehr Fabriken. Die Folge ist: die Produktion von Brötchen und Porsches wird angeregt. Es werden mehr davon produziert. Die Fabriken erhöhen ihrer-seits die Produktion von nützlichen und weniger nützlichen Dingen. Jedenfalls bewirkt der fiktive Reichtum der Spekulanten, dass die Gesellschaft, in der das stattfindet, real mehr Reichtum produziert und konsumiert. Die Gesellschaft wird durch fiktiven Reichtum real reicher. Leider gilt auch hier das Umgekehrte. Brechen Spekulation und Vermögenspreise zusammen, sackt auch die Nachfrage nach Brötchen, Porsches und Fabriken wieder in sich zusammen. Der ver-schwindende fiktive Reichtum löst eine Rezession aus.

Die stimulierende Wirkung steigender Vermögenspreise auf die Realwirtschaft läuft nicht nur oder sogar zum geringsten Teil über den oben geschilderten Effekt, dass die Spekulanten in der Hausse-Phase ihren Konsum erhöhen. Wesentlich direkter ist die stimulierende Wirkung über die Aktivitäten des Kapitals. Steigende Aktienpreise erhöhen nominal den Wert der Kapitalunternehmen. Der Kapitalist erhält deshalb von der Bank mehr Kredit und das zu günstigeren Konditionen. Sind Aktien teuer, kommt der Kapitalist zudem durch Emission neuer Papiere direkt über die Börse billig an Geld. Es wird für ihn in jedem Fall billiger zu investieren oder an-dere Unternehmen zu kaufen. Steigende Aktienpreise regen deshalb die Investitionstätigkeit an. Ganz ähnlich ist die Wirkungskette bei steigenden Immobilienpreisen. Fabrik- und Grundbesitzer erhalten mehr Kredit. Als ein Beispiel sei auch der Wirkungskette gedacht, die eine wesentliche Rolle bei der Herausbildung der großen Finanzkrise 2007 ff. gespielt hat. Es ist der eher seltene Fall, dass breite Bevölkerungsschichten in die Spekulation einbezogen waren. Diese Kette lief über den Immobilienmarkt, nicht den für Gewerbeimmobilien, sondern den Immobilienmarkt für einfache Wohnungen und Ein- und Zweifamilienhäuser in den USA (und einigen anderen Ländern). Über viele Jahre hinweg steigende Preise vermittelten den Eigentümern solcher einfachen Immobilien den Eindruck oder die Illusion wachsenden Reichtums. Das führte – keineswegs zwangsläufig, sondern weil es Banken und Politiker so wollten – zu steigender Verschuldung der einfachen, zumeist lohnabhängigen Bürger. Nur durch Kreditaufnahme (oder Verkauf) ließ sich schließlich der höhere Wert des eigenen Häuschens in tatsächlichen Reichtum umsetzen. Die Jahr für Jahr steigende Verschuldung der einfachen US-Hausbesitzer hat schließlich den Konsum und damit die Konjunktur des Landes in munterem Tempo gehalten und dann seinerseits Aktien- und Immobilienmarkt befeuert.

Die Volkswirtschaftslehre spricht in anderem Zusammenhang von Geldillusion, wenn steigende Preise – vorübergehend – die Nachfrage stimulieren. In der Tat beruht der satte Reichtum, der als Vermögenspreiseffekt der Spekulation entstammt, auf Geldillusion. In der Haussephase der Spekulationsmärkte wächst die Geldmenge. Sie kann nur wachsen, wenn die Geldschöpfung der Banken und der Zentralbank die höheren Vermögenspreise elastisch akkomodiert bzw. die Geldillusion nährt. Darauf aber ist die neoliberale Geldverfassung geradezu geeicht.

Die Regierungen der meisten kapitalistischen Staaten und ihre Notenbanken haben den anregenden Effekt der Spekulation mit Vermögenswerten zielbewusst gefördert. Zu besonderer wirtschaftspolitischer Meisterschaft brachten es dabei die Vereinigten Staaten. Unter Bill Clinton, seinem Finanzminister Robert Rubin und Fed-Chairman Alan Greenspan erhielt dieses Ziel unter der Überschrift

vom »starken Dollar« auch ideologische Weihen. Tatsächlich beruh-
te die von Ronald Reagan und seinem Fed-Chairman Paul Volcker
betriebene Politik des starken Dollar in den frühen 80er Jahren des
vorigen Jahrhunderts auf demselben Gedanken. Nur wurde das damals von vielen Akademikern als »Voodoo-Economics« abgetan.
Heute gehört es zum guten Ton, dem Finanzmarkt Opfer der Unterwerfung zu bringen, um die Spekulation nicht erlahmen und die
Preise für Vermögenswerte nicht fallen zu lassen. Denn ein Crash
am Aktienmarkt wie 2000 bis 2003 oder am Immobilienmarkt wie
2007 ff. ist nicht nur für die Spekulanten mit ungewohnten Verlusten verbunden, er hat auch einen Konjunktureinbruch der Realwirtschaft zur Folge.

Die Spekulationsgewinne aus dem Nichts kommen zwar indirekt
der Volkswirtschaft insgesamt zugute. Zunächst aber treten sie vorwiegend im Finanzsektor selber auf. Dabei ist es fast egal, ob die spekulativen Preissteigerungen am Immobilien-, Aktien-, Rohstoff- oder
Bondmarkt stattfinden. In allen Fällen profitiert zunächst der Finanzsektor. Dort treten die Spekulationsgewinne zuerst auf. Steigende
Vermögenspreise regen die Kreditvergabe an. Ohne Kreditausweitung sind lang gezogene Aufwärtsphasen bei den Vermögenspreisen
gar nicht denkbar. Auf diese Weise wirken Spekulationseffekt und
Kreditausweitung sich ergänzend und gegenseitig fördernd zusammen, um den Finanzsektor groß und bei aller Größe dennoch profi-
tabel zu machen.

Aus der zutreffenden Analyse, dass der Spekulationsgewinn auf
fiktivem Kapital beruht, wertmäßig irreal und daher höchst flüchtig
ist, ziehen die Kritiker der These von der Herrschaft des Finanzkapitals weit reichende – und falsche – Schlussfolgerungen. Der Kapital-
wert, den Banken als Kreditanspruch und Spekulanten als Aktien
halten, ist Sandleben zufolge »rein illusorisch«. Wer argumentiere,
dass Finanzkapitalisten, die nur Eigentumstitel halten, die Ökonomie bestimmten, der sei, so meint Sandleben, von »Illusion regiert«.
Vervielfacht erscheint ihm die Illusion, wenn Kapitalismuskritiker,
wie zum Beispiel der Autor in Kapitel 2 dieses Buches auf die Auf-

blähung des Kredit- und Finanzsystems, die Vervielfachung der finanziellen Vermögenswerte und die Vervielfachung der Umsätze in
Devisen, Anleihen, Aktien und Derivaten verweisen. Auch das wird
als »Illusion« abgestempelt.

Tatsächlich ist es eine Illusion zu glauben, die nominelle Vervielfachung der Finanzwerte stelle zugleich eine Vervielfachung des tatsächlichen Kapitalwertes dar. Jedoch gehört es gerade zum Wesen
dieses Finanzsystems, dass diese Illusion sich durchsetzt. Wo die Gefahr besteht, dass fiktives Kapital seinen Anspruch auf Zahlung nicht
durchsetzen kann, wo also der »Illusion«, dass es sich um einen Ver-
mögens-»Wert« handelt, nicht aufs Wort geglaubt und Folge geleistet
wird, dort werden diese Zahlungsansprüche, wenn nötig mit Gewalt
durchgesetzt. Tatsächlich wird die reale Ökonomie vom Kapitalmarkt aus gesteuert. Die Eigentümer der finanziellen Vermögenswerte reagieren und setzen sich im Regelfall durch. Wie das politisch umgesetzt wird, kann man bei der Eintreibung der Zinsen und
Tilgungsleistungen von den von der Pleite bedrohten Euro-Staaten
beobachten.

Fassen wir zusammen: 1. Nach hundert Jahren ist die Feststellung, dass das Finanzkapital die politische und ökonomische Vorherrschaft innehat, so aktuell wie eh und je. 2. Das Finanzkapital ist
monopolistisches Kapital, soll heißen, es ist in der Lage, die eigene
Profitrate höher zu halten, als es in einem System des Kapitalismus
der freien Konkurrenz, wo die Waren zu ihren Werten getauscht werden, möglich ist. 3. Die hohe Profitrate sichert sich das monopolisti-
sche Finanzkapital durch politische und ökonomische Maßnahmen
des Staates. Wir sprechen deshalb zu Recht vom staatsmonopolistischen Kapitalismus. 4. Marxisten sollten der im Alltagsbewusstsein
der Menschen mittlerweile weitgehend akzeptierten These von der
Vorherrschaft des Finanzkapitals nicht widersprechen, sondern detailliert aufzeigen, wie sich im Einzelnen die staatliche Förderung
des Finanzkapitals vollzieht und wie sie im Einzelnen und im Allgemeinen zu verhindern ist.

5.
Die verfehlte Konstruktion des Euro

Die europäische Währungsunion wurde auf einer Konferenz am 7. Februar 1992 im niederländischen Maastricht beschlossen. Sie trat zum Jahreswechsel 1998/99 in Kraft, als der Euro bei Banken und Börsen die nationalen Währungen in zunächst elf Ländern ersetzte. Drei Jahre später, am 1. Januar 2002 löste der Euro auch im alltäglichen Geldverkehr die nationalen Währungen in nun zwölf Ländern (einschließlich Griechenlands) ab.

Die von den europäischen Führungseliten 1992 verabredete Europäische Währungsunion hat eine lange Vorgeschichte. Geplant worden war das Projekt im so genannten »Werner-Plan« schon zwei Jahrzehnte früher. Die beiden unter dem Stichwort Ölkrise laufenden heftigen Konjunktureinbrüche um die Jahre 1974 und 1980 herum hatten das damalige Projekt scheitern lassen. Vorgänger für die europäische Einheitswährung ist das Ende der 70er Jahre vom damaligen französischen Präsidenten Giscard d'Estaing und Helmut Schmidt aus der Taufe gehobene Europäische Währungssystem (EWS), dessen Ziel es schon damals war, sich aus der Dollar-Abhängigkeit zu befreien und gegen die US-amerikanische Währung ein Gegengewicht zu schaffen. Das Währungssystem funktionierte einfach gesagt dadurch, dass die Zentralbanken der jeweiligen Länder sich verpflichteten, die Wechselkurse auf dem freien Markt nur in gewissen Grenzen schwanken zu lassen. Stieg oder sank eine Währung über eine prozentuale Bandbreite (von 2,25 Prozent) hinaus, mussten Interventionen der Zentralbanken erfolgen. Dennoch bestand die Möglichkeit, die so genannten Leitkurse gegeneinander zu ändern, was immer nur dann geschah, wenn der Devisenmarkt diese als »realignments« bezeichneten sprunghaften Wechselkursänderungen erzwang. Während der Existenz des EWS hat es eine Vielzahl solcher Währungsanpassungen gegeben. Die D-Mark gehörte dabei immer zu den Währungen, die aufgewertet haben.

Politökonomisch dürften die Erfahrungen der ersten Regierung des französischen sozialistischen Präsidenten François Mitterand 1981 bis 1984 als Wasserscheide in Richtung kapitalistische Integration Europas gelten. Die damalige Regierung des Premierministers Pierre Mauroy hatte unter Beteiligung der Kommunisten ein vielleicht in sich nicht schlüssiges, aber doch in Ansätzen antimonopolistisches Programm verfolgt. Schlüsselindustrien und Banken wurden verstaatlicht, der Mindestlohn, Kündigungsschutz und Sozialprogramme eingeführt bzw. verstärkt. Die französische Wirtschaft wurde durch hohe staatliche Investitionen, aber auch durch die Förderung der privaten Nachfrage durch Lohn- und Rentenanhebung angekurbelt – und das in einer Zeit, in der im übrigen Europa, auch in der Bundesrepublik, die Rezession grassierte. Das Resultat ist bekannt. Frankreich entwickelte sich vor allem zum Absatzmarkt für ausländische Waren. Die Handelsbilanz rutschte in ein massives Defizit. Mit sporadischen Erschwernissen der Einfuhrbestimmungen kam man dem nicht mehr bei. Der Franc wurde schwächer und drohte den Ausverkauf des Landes zu bedeuten. Das Resultat war, dass Mitterand das Ruder herumwarf, die Kommunisten aus dem Kabinett entfernte und Mauroy durch Laurent Fabius, den heutigen Außenminister unter François Hollande, ersetzte. Die Erfahrung hatte gelehrt: eine nationale, den Namen verdienende eigene Wirtschaftspolitik ist nicht mehr oder nur noch in Nuancen möglich. Seit damals datiert die Bereitschaft der nationalistisch gesonnenen

Gaullisten sowie der Sozialisten, das Projekt kapitalistisches Europa offensiv anzugehen und sich dabei Deutschland, insbesondere der Deutschen Bundesbank, unterzuordnen.

Die EU als Konstrukt eines immer größer werdenden Freiheitsgrades für das große Kapital und immer niedriger werdender Schutzschranken für die Rendite kleiner nationaler Kapitalien ist von Anfang an mit einer immer weiter gehenden Entdemokratisierung verbunden gewesen. In diesem Sinne hat Henry Kissinger – was er natürlich als Vorzug verstanden hat – das heutige Europa zu Recht mit der reaktionären Monarchenordnung nach dem Wiener Kongress verglichen. Die großen Richtlinien der Wirtschafts- und daraus resultierend der Rechtspolitik werden von den Regierungen, den Ministerräten und Gipfelkonferenzen festgelegt. Die entscheidenden Details werden von der Brüsseler EU-Kommission ausgearbeitet, deren Zusammensetzung von den nationalen Regierungen ausgehandelt wird. Das Beamtenheer in Brüssel sowie die Beamten in den Ministerien der Nationalstaaten handeln die so genannten »Richtlinien« aus (auf englisch und französisch heißen diese Richtlinien Directives und sind damit auch dem Namen nach ähnlicher den Erlassen monarchischer Regierungen früherer Jahrhunderte). Auf die Formulierung dieser Richtlinien stürzt sich das Lobbytum der Industrie- und Finanzkonzerne, um sie in seinem Sinne zu beeinflussen. Die Parlamente der Einzelstaaten sind dann gehalten, diese Richtlinien in Landesgesetze umzuformulieren, wobei kleine Differenzen durchaus erlaubt sind. Es ist bekannt, dass das europäische Parlament in Straßburg tatsächlich eine Schwatzbude ist, weil es über keine initiative Gesetzgebungskompetenz verfügt, über den ohnehin unbedeutenden EU-Haushalt nur ein Mitspracherecht hat, ganz zu schweigen von der Macht, die EU-Regierung in Gestalt der Kommission zu ernennen oder zu stürzen. Die Parteien, mit Recht in der Kritik, aber dennoch wohl noch ein halbwegs demokratisches Element in diesem unserem Rechtsstaat, spielen im realen Direktiven-Erarbeitungsprozess der EU so gut wie keine Rolle.

Helmut Kohl, unter dessen Kanzlerschaft, die Währungsunion und ihre Ausgestaltung beschlossen wurden, gefiel sich in der Rolle des großen Staatsmanns. Um des Friedens in Europa willen habe er der gemeinsamen Währung zugestimmt, sagte er gern in Fernsehkameras und klapperte dann selbstverliebt mit seinen Augenlidern. Zugleich insinuierte er, der Euro sei ein freundliches Geschenk, ja ein Opfer, das er und die deutsche Nation den anderen am Euro teilnehmenden Nationen darbrächten. Bis heute gibt es die Sage, der französische Präsident Mitterand habe für die Zustimmung zur DDR-Übernahme von Kohl das Versprechen erhalten, die D-Mark für die gemeinsame Währung zu opfern.

Traurig daran ist, dass beides geglaubt wird. In Wirklichkeit war die Europäische Währungsunion zum Zeitpunkt, als die DDR aufgegeben wurde, zwischen den Regierungen Frankreichs und der BRD zwar noch nicht im Detail ausgehandelt, aber fest verabredet. Wichtiger allerdings ist die Feststellung, dass sie nicht nur den politischen Interessen der deutschen Regierung entsprach, sondern vor allem den wirtschaftlichen Interessen der deutschen Unternehmen. Die Schaffung eines schrankenlosen Binnenmarktes in Europa mit festen oder einheitlichen Wechselkursen gehört zu den grundlegenden Kontinuitäten der deutschen Außen- und Europapolitik, seit das System fester Wechselkurse Anfang der 70er Jahre aufgekündigt worden war.

Klarer und korrekter äußerte sich dazu Kohls Vorgänger als Kanzler, Helmut Schmidt. »Wir wollen nicht mehr der Fußball der Amerikaner sein«, begründete er die Existenz des Euro klassisch politökonomisch. Er belehrt das Publikum auch heute noch, dass der Euro dazu diene, dem europäischen (und deutschen) Kapital eine verbesserte Position in Konkurrenz zum US-amerikanischen zu verschaffen. Schließlich konnten die in Europa beheimateten Kapitale die erreichten Konkurrenzvorteile gegenüber den USA nicht voll einfahren, als das Bretton-Woods-System fester Wechselkurse und die Dollarbindung der anderen Währungen aufgegeben oder zerstört wurden. Rücksichtslos werteten die USA in den 70er Jahren den Dollar ab und bremsten damit den beginnenden Siegeszug westeuropäischer Konzerne. Noch schlimmer kam es nach den zwei Ölkrisen der 70er Jahre. Der seit 1980 amtierende Präsident Ronald Reagan jagte trotz explodierender Staats- und Außenhandelsbilanzdefizite mittels rekordhoher Notenbankzinsen den Dollarkurs hoch und lockte damit Geld zur Finanzierung der Defizite an. Die USA konnten es sich leisten, ihre Währung je nach Bedarf teuer oder billig zu machen. Den größeren Schaden von den Schwankungen des Devisenmarktes hatten die anderen Länder, vor allem die des kleinteiligen Europa. Die Währungsunion war und ist also (auch) eine Abwehrmaßnahme gegen die Übermacht der USA und des Dollars.

Einer der Vorteile eines großen Währungsraumes besteht darin, dass die beteiligten Volkswirtschaften sich weitgehend den irrationalen Bewegungen der Finanzmärkte, speziell des Devisenmarktes entziehen können. Die Kapitalisten aus Industrie und Handel können innerhalb des Währungsraumes ihre Waren verkaufen, ohne fürchten zu müssen, wegen des Kursverfalls in einem anderen Land plötzlich viel weniger zu erlösen oder dort gar nicht mehr verkaufen zu können. Das Gebiet, in dem der Euro als Währung gilt, ist wie ein großer nationaler Binnenmarkt.

Ein großer Währungsraum bietet einen weiteren Vorteil: Die Kapitalisten und ihr Staat können sich einfacher und billiger selbst finanzieren. Die Finanzierung von Unternehmen und Staat ist weniger abhängig von den Launen der Finanzmärkte. Ein großer Währungsraum kann sich notfalls auch vom internationalen Kapitalmarkt abkoppeln. Der Euro ist für das Anlage suchende Kapital als Währung fast ebensowenig vermeidbar wie der Dollar. Das US-Kapital konnte sich bisher – einzig auf dem Globus – Außenhandels- und Leistungsbilanzdefizite von jährlich mehreren Milliarden Dollar leisten. Der Dollar konnte über Jahrzehnte hinweg deshalb zur Schwäche neigen. Jede andere Währung wäre vom Kapital wegen des weiteren drohenden Wertverlustes gemieden worden. Nicht so der Dollar. Das Anlage suchende Kapital im Rest der Welt war immer bereit, die Finanzierungslücken der USA auszugleichen. Dieser

Idealzustand niedriger Zinsen bei gleichzeitiger Fähigkeit, aus einer starken Position sich global verwerten zu können, ist ein wichtiger Vorteil einer Leitwährung. Mit einem europäischen einheitlichen und großen Währungsraum ergab sich für die europäischen Kapitalisten zum ersten Mal nach dem II. Weltkrieg die Chance, mit den USA hinsichtlich der Vorteile einer Anlage- und Leitwährung gleichzuziehen.

Es ist wichtig, sich vor Augen zu halten, warum die Euro-Währungsunion geschaffen wurde. Sie ist ein Projekt des europäischen Kapitals. Aber, wie bekannt, setzt sich dieses Kapital aus nationalen Kapitalen zusammen. Es ist bestimmt fair zu sagen, dass speziell die deutschen Unternehmen das größte Interesse an einem schrankenlosen Binnenmarkt mit einer einheitlichen Währung hatten. Die Europäische Union und ihre Vorgänger-Organisationen wurden geschaffen, um einen übernationalen einheitlichen Markt zu bilden. Zunächst wurden die Zölle abgeschafft, dann die nicht-tarifären Handelshemmnisse, die national bestimmten Regeln, Maße und Normen. Gibt es in diesem Markt allerdings noch unterschiedliche Währungen, so wirken sich diese als Hindernisse für das Kapital aus.

Man versetze sich in die Situation eines Vorstandschefs eines deutschen Autokonzerns. Bevor es die Währungsunion gab, musste er auf seinen wichtigsten Absatzmärkten in Europa immer mit Abwertungen rechnen. Auch unter dem Regime fester Wechselkurse des EWS, das bis 1999 galt, konnte es sein, dass zum Beispiel die Lira oder die Peseta oder gar beide über ein Wochenende abgewertet wurden. Wenn somit beispielsweise ein in Italien verkaufter PKW eine Gewinnmarge von 4 Prozent brachte, so ergab sich bei einer Abwertung der Lira um 8 Prozent für den Autokonzern die unangenehme Alternative, entweder den Verkaufspreis in Lira beizubehalten und einen Verlust von 4 Prozent pro verkauftem Wagen hinzunehmen oder die Lira-Preise anzuheben und Marktanteile zu verlieren. In der Praxis wurde natürlich eine Mischstrategie gewählt. Es wurden vermehrt Produktionsstätten oder wenigstens Montagewerke im Ausland errichtet. Und es wurden Wechselkurssicherungsgeschäfte mit den Banken abgeschlossen. Kurz, die Möglichkeit der Abwertung in den Zielmärkten war für die deutsche, stark export-orientierte Industrie höchst lästig. Sie machte die Absatz- und Inves-titionsplanung unsicher. Vor allem aber kostete sie Gewinn.

Umgekehrt bietet die Möglichkeit der Abwertung Ländern mit wettbewerbsschwachen Unternehmen einen gewissen Schutz, ähn-lich den Zöllen. Hinter eigenen, eventuell immer mal wieder ab-gewerteten Währungsschranken konnten, ähnlich wie mit Zöllen zuvor auch, schwache Kapitalisten einen jeweils heimischen Markt vor der Konkurrenz starker Ausländer schützen. Indem eine Wäh-rungsunion dem Zweck der Schaffung eines gemeinsamen, offenen Marktes dient, reißt sie Handelsschranken ein. In einer Währungs-union, in einem wirklich schrankenlosen Binnenmarkt gilt dagegen unmittelbar das kapitalistische Gesetz, wonach die Starken immer stärker und die Schwachen immer schwächer werden und schließ-lich untergehen. Die Währungsunion dient also insbesondere dem starken Kapital in Europa. Von ganz besonderem Nutzen ist es aber für exportorientierte Kapitalisten. Diese finden sich besonders häu-fig in Deutschland.

Es ist deshalb kein Wunder, dass alle westdeutschen und spä-ter gesamtdeutschen Regierungen seit dem Kollaps des Nachkriegs-systems fester Wechselkurse mit Priorität die Politik verfolgt haben, wenigstens in Europa feste Währungsrelationen herzustellen. Es ist allerdings auch kein Wunder, dass sich in der Realität der Euro-Wäh-rungsunion das Gesetz, wonach die Starken immer noch stärker, die Schwachen aber schwächer werden, modellhaft durchgesetzt hat. Natürlich ist das eine grobe Vereinfachung. Denn im Regelfall sind starke und schwache Unternehmen, Konzerne und Monopole nicht so einseitig verteilt, dass die starken sich ausnahmslos nur in einem Land oder einer Region, die schwachen aber alle in einem einzigen anderen befinden. Der eher vage Begriff der Stärke oder Schwäche beinhaltet eine Vielzahl von Eigenschaften, die ebenfalls nicht nur einseitig verteilt sind. So verfügt beispielsweise ein Unternehmen über gut ausgebildete und relativ billige Arbeitskräfte, ein anderes über Nähe zum Absatzmarkt, ein drittes über billige Rohstoffe, ein viertes über einen besonders guten Draht zu den Staatsinstitutionen, also über geringe Abgaben und Steuern. Diese ganz verschiedenen Stärken betriebswirtschaftlicher Art versetzen diese Unternehmen in die Lage, die per saldo schwächeren auf dem jeweiligen Markt nieder zu konkurrieren.

Die Verfechter des freien Marktes sehen gerade das als Vorzug. Und bis zu einem gewissen Grad haben sie Recht. Wenn die schwachen Unternehmen einer Branche in einem gemeinsamen Markt, der ihnen keinen Schutz mehr bietet, ausscheiden, fördert das die Effizienz. Das heißt, es wird insgesamt mit weniger Aufwand mehr produziert. Seit David Ricardo, dem bedeutenden englischen Ökonomen (1772–1823), ist das die Rechtfertigung der Verfechter des freien Marktes, des Liberalismus. Das Ergebnis ist im Modell und durchaus auch in der Realität, dass die regionale Spezialisierung sowie der Warenhandel zunehmen. In Ricardos Beispiel ist es also durchaus von Vorteil, wenn sich Portugal auf die Wein- und England auf die Textilproduktion spezialisieren. Eine stärkere Spezialisierung mit Vorteilen für alle hätte also eigentlich auch das Resultat der Währungsunion sein können. Dass das nicht so ist, erklärt sich damit, dass die Standortvorteile in der Ausgangslage höchst ungleich verteilt waren und durch die Fehlkonstruktion des Euro und die Wirtschaftspolitik der Kernländer sogar noch verstärkt wurden.

Patrick Artus, führender Ökonom aus Frankreich, kritisiert dabei besonders die deutsche, einseitig auf die Stärkung des Exports ausgerichtete Wirtschaftspolitik:

»In Deutschland ist eine Politik der Lohnkostensenkung betrieben worden – nicht zuletzt durch die Arbeitsmarktreformen, die mit Anreizen zur Rückkehr auf den Arbeitsmarkt den Gleichgewichtslohn senkten und gleichzeitig die Leistungen für die Arbeitslosen verringerten. Diese Politik hat es Deutschland ermöglicht, seine preisliche Wettbewerbsfähigkeit gegenüber den anderen europäischen Staaten zu verbessern. In der Industrie stieg sie seit Anfang 2000 um 25 %, da die Nominallöhne pro Kopf zwischen 1996 und 2009 um 24 % langsamer wuchsen als in der übrigen Eurozone.

Die Folgen dieser Politik sind so, wie man es erwarten konnte: Marktanteilsgewinne Deutschlands auf Kosten des übrigen Europa, Handelsüberschüsse gegenüber seinen europäischen Partnern, Stützung (bis zur Krise) des deutschen Wachstums durch den Außenhandel, im Gegensatz zu den anderen europäischen Staaten, und gleichzeitig eine große Nachfrageschwäche seitens der deutschen Privathaushalte – diesen Preis zahlte Deutschland für die Bewahrung seines starken Industriesektors. Von 1996 bis 2008 wuchs das Exportvolumen Deutschlands fast zweimal stärker als das der anderen Länder der Eurozone. Der deutsche Handelsüberschuss gegenüber den europäischen Partnern stieg von 20 auf 100 Mrd. Euro pro Jahr. Die Beschäftigung im produzierenden Gewerbe macht in Deutschland immer noch 20 % der Gesamtbeschäftigung aus, verglichen mit weniger als 16 % in der übrigen Eurozone. Gleichzeitig wuchs die Nachfrage der Privathaushalte in Deutschland um 1,5 Prozentpunkte jährlich weniger als in den anderen europäischen Ländern.

Worauf kann sich eine Kritik dieser angebotsorientierten Politik Deutschlands stützen? Die Verbesserung der deutschen Handelsbilanz zeigte sich in erster Linie gegenüber seinen europäischen Partnern. Mit seinen Marktanteilsgewinnen auf Kosten der anderen europäischen Staaten im Welthandel (insbesondere in Schwellenländern und in Erdöl exportierenden Ländern) betreibt Deutschland eine klar unkooperative Politik: Der Produktionsgewinn Deutschlands bedeutet einen Produktionsverlust der anderen europäischen Staaten. In diesen Ländern hat der Marktanteilsverlust der Industrie dazu geführt, dass qualifizierte Arbeitsplätze in der Industrie durch niedrig qualifizierte Jobs (Dienstleistung, Bau, Vertrieb) ersetzt wurden. Die Beschäftigung im Industriesektor hat in der Eurozone (ohne Deutschland) seit 1996 um 10 % abgenommen, während die Zahl der niedrig qualifizierten Arbeitsplätze um 25 % anstieg. Wenn alle Staaten es Deutschland gleichgetan und eine Politik der Lohnkostensenkung betrieben hätten, wäre die Nachfrage überall gleich eingebrochen und kein Staat hätte von dieser Politik profitieren können.

Im Einklang mit ihrer Politik der Stärkung der Wettbewerbsfähigkeit durch Lohnkostensenkung betrieb die deutsche Regierung auch eine angebotsorientierte Steuerpolitik zu Gunsten der Unternehmen. Sie senkte die Steuerlast (von 47 % des BIP im Jahre 1999 auf 43,6 % im Jahre 2009) und die Sozialabgaben (von 19 % auf 16 % des BIP). Der Einnahmenverlust wurde durch eine Reduzierung der Staatsausgaben ab 2003 (von 20 % auf 17 % des BIP für Staatsausgaben ohne Sozialleistungen) und eine höhere Besteuerung des Konsums (Erhöhung der Mehrwertsteuer) ab 2007 kompensiert. Im Jahre 1999 war die Steuerlast in Deutschland vergleichbar mit der in anderen Staaten der Eurozone, während die Sozialabgaben um drei Prozentpunkte des BIP höher lagen. 2008 ist die Steuerlast um einen Prozentpunkt niedriger und die Sozialabgaben sind mit denen in der übrigen Eurozone vergleichbar.

Auch diese Politik der Senkung der Unternehmenssteuern ist gegenüber den anderen europäischen Staaten, in denen die Steuerlast der Unternehmen stabil blieb, unkooperativ, denn sie zielt auf Marktanteilsgewinne durch Steuerwettbewerb ab. Eine expansive Haushaltspolitik ist allerdings auch nicht notwendigerweise kooperativ. Nehmen wir das Beispiel der in Deutschland im Oktober 2009 angekündigten Steuersenkungen (Beschränkung der Sozialabgaben der Arbeitgeber: Erhöhungen der Sozialversicherungsausgaben werden allein von den Arbeitnehmern getragen; Vereinfachung der Einkommenssteuer; Abzug der Zinsabgaben für die Unternehmen; Senkung der Mehrwertsteuer [von 19 % auf 7 %] im Gastgewerbe; mögliche Finanzierung des Gesundheitssektors durch Steuern statt durch Beiträge). Sie werden das deutsche Haushaltsdefizit um 1 % des BIP erhöhen, doch da sie in erster Linie die Unternehmenssteuern betreffen, werden sie die Wettbewerbsfähigkeit der deutschen Unternehmen steigern und dadurch für die anderen europäischen Staaten negative, nicht positive externe Effekte haben, zumindest was (gegenwärtige und künftige) Unternehmenssteuersenkungen betrifft.«

Aus: ›Direct‹, Analysen und Konzepte zur Wirtschafts- und Sozialpolitik, Friedrich-Ebert-Stiftung, Januar 2010

Der Kritik an der deutschen Wirtschaftspolitik kann man nur zustimmen. Allenfalls die ein wenig gespielte Naivität des Autors, der den im Mai 2012 abgewählten französischen Präsidenten Nicolas Sarkozy (vergeblich) beraten hatte, wirkt ein wenig komisch. Denn der harte Wettbewerb auf nationaler Grundlage ist schließlich eine Basis der EU-Verträge und der Verträge zur Währungsunion. Man sollte sich nicht wundern, dass die deutsche Wirtschaftspolitik vollkommen darauf ausgerichtet war und ist, die heimischen Konzerne dabei zu unterstützen, Wettbewerber innerhalb und außerhalb Eurolands klein zu halten und ihre Absatzmärkte zu übernehmen.

Und so geschah es. Die leistungsstarken deutschen, niederländischen, zum Teil auch französischen und norditalienischen Kapitalisten profitierten von der Währungsunion. Sie verdrängten die schwachen Kapitalisten auf deren traditionellen, nun ganz offenen Heimatmärkten. Das drückt sich in einem rasant wachsenden Leistungsüberschuss in Deutschland und den Niederlanden, sowie in entsprechenden Defiziten in Italien, Spanien, Portugal, Irland und Griechenland aus.

Jedenfalls entstand nach zwölf Jahren Euro die Situation, dass sich das wirtschaftliche Gefälle zwischen den Staaten erhöht. Das macht sich vor allem in den unterschiedlichen Leistungsbilanzen deutlich. Insgesamt hat die Eurozone gegenüber dem Rest der Welt eine fast ausgeglichene Leistungsbilanz. Innerhalb der Eurozone sind dagegen seit Beginn der Währungsunion massive Ungleichgewichte entstanden. 1999, im ersten Jahr des Euro, hatte Deutschland eine fast ausgeglichene Bilanz im Austausch von Waren und Dienstleistungen mit den anderen Ländern der Eurozone. 2007, im Jahr des Ausbruchs der Finanzkrise, erreichte der deutsche Überschuss in der Leistungsbilanz allein gegenüber den anderen Euro-Ländern gewaltige 108 Mrd. Euro. Auch gegenüber der übrigen Welt erzielte Deutschland erhebliche Überschüsse. Der Leistungsbilanzüberschuss insgesamt betrug zu Beginn der Weltwirtschaftskrise 168 Mrd. Euro. Das entsprach zufällig genau dem gesammelten Leistungsbilanzdefizit der vier Euro-Staaten Spanien, Griechenland, Portugal und Irland im selben Jahr.

Das Gesetz, wonach in einem offenen Markt mit gemeinsamer Währung die Schwachen schwächer werden und schließlich untergehen, wird in der üblichen kapitalistischen Realität durch die Existenz des Staates abgeschwächt, dessen Hoheitsgebiet in der Regel mit dem Währungsgebiet zusammenfällt. Die staatlichen Institutionen sorgen dann dafür, dass die Regionen mit einem dauernden Leistungsbilanzdefizit nicht vollkommen ausbluten. Die wichtigste solche Institution ist ein gemeinsames, überall gültiges Steuersystem. Wenn es zudem, wie in zivilisierten Ländern üblich, progressiv gestaltet ist, trägt es sehr viel dazu bei, dass Transferleistungen von den ökonomisch Stärkeren zu den Schwächeren und von den gut entwickelten Regionen in die ärmeren fließen. Die zweitwichtigste solche Institution ist ein gemeinsames soziales Sicherungssystem. Es sorgt dafür, dass auch in armen Regionen Renten, Arbeitslosengeld, Hartz-IV-Leistungen und ähnliches gezahlt werden, selbst wenn wichtige Betriebe schließen und Arbeitskräfte entlassen. Die drittwichtigste Institution mit Transferwirkung ist die Existenz einer flächendeckenden Verwaltung. Das Amtsgericht, das Arbeitsamt, die Bundeswehrkaserne, die Schule, die Hochschule und das Krankenhaus, sie werden – zugegeben immer weniger – aus Zentralhaushalten bezahlt und schaffen auch in Notstandsgebieten noch Jobs. Dazu kommen viertens explizite Maßnahmen der Regionalförderung und des Finanzausgleich. In der Summe sorgen diese staatlichen Institutionen dafür, dass Transfers von den Überschuss- zu den Defizitregionen fließen. Das bedeutet nicht, dass Vorpommern jetzt wie Württemberg wird. Es bedeutet nur, dass Vorpommern nicht komplett ausblutet oder, anders ausgedrückt, dass der Binnenmarkt, in dem es keine Währungs- und Zollschranken gibt, auch weiter funktioniert. Staatlich organisierte Transferleistungen bilden einen gewissen Ausgleich für die Wirkung des freien Marktes. Nur wenn es solche Transfers in nennenswerter Höhe gibt, kann der gemeinsame Markt mit gemeinsamer Währung weiterexistieren.

Statt Staat Wettbewerb

Der entscheidende Konstruktionsfehler der Euro-Währungsunion war das Fehlen solcher staatlichen oder auch nur quasi-staatlichen Institutionen. Dass es dazu kam, ist auf das Betreiben Deutschlands zurückzuführen. In diesem Punkt waren sich Regierung, Banken- und Unternehmensvorstände und ihre Verbände vollkommen einig. Die Währungsunion sollte her, aber sie sollte auch billig sein. Sie sollte keine staatlichen Folgekosten oder Transferleistungen in weniger entwickelte Regionen als Deutschland zur Folge haben.

Diese Haltung kontrastiert mit der, die Kapital und Regierung

zur kurz zuvor veranstalteten Währungsunion mit der DDR ein-
genommen hatten. Diese Währungsunion war mit enormen Folgekosten und Transferleistungen verbunden. Viel radikaler als in der
Europäischen Währungsunion hatte sie trotzdem auch zur Folge,
dass die relativ schwächeren Unternehmen, nämlich die auf dem
Gebiet der DDR, nicht nur noch schwächer, sondern ausradiert
wurden.

Das soll nicht heißen, dass nicht auch die Kapitalisten anderer
Länder gegen eine Staatlichkeit der EU waren, dies jedoch zum
Teil aus anderen Gründen als die deutschen. Im Vertrag von Maastricht (1992) jedenfalls wurde die staatsarme und transferfreie EWU
festgelegt. An die Stelle von staatlicher Regulierung tritt dabei der
»Wettbewerb«. Und um die Konkurrenz zu befördern, gilt als obers-
tes und nachgerade heiliges Prinzip die Freiheit des Kapitalverkehrs.

Den damaligen Konstrukteuren des Euro war durchaus bewusst,
dass sich in einem einheitlichen Währungsraum ohne den Schutz
eigener nationaler Währungen und ohne staatliche Ausgleichsmechanismen das blanke Gesetz des Kapitalismus durchsetzen würde.
Die schwächeren Unternehmen und die schwächeren Volkswirtschaften würden geschwächt werden. Die gemeinsame Währung
würde nicht zu einem Zusammenwachsen der EU-Länder, sondern
zu divergierender Entwicklung führen.

Deshalb ersannen sie Kriterien, die erfüllt sein müssten, um am
Euro teilnehmen zu können. Diese Kriterien wurden von der damaligen Bundesbank-Führung ersonnen, sind aber als Maßstab für die
tatsächliche Leistungsfähigkeit einer Volkswirtschaft ganz ungeeig-
net. Die Aufnahmekriterien waren zum einen die Höhe der Inflation. Sie durfte über mehrere Jahre hinweg nicht vom Durchschnitt
der Inflationsraten aller Länder der Eurozone abweichen. Zum anderen war es die Stabilität des Wechselkurses gegenüber der damals
kalkulierten Rechnungseinheit Ecu. Das dritte Kriterium war die
Höhe der laufenden und der akkumulierten Staatsverschuldung, bezogen auf das jeweilige Bruttoinlandsprodukt (BIP). Das ist der Ur-
sprung der »Maastricht-Kriterien«, die 1998, kurz vor Inkrafttreten

der Währungsunion, in den verrückten Stabilitäts- und Wachstums-
pakt Eingang fanden und heute das Gerüst des noch verrückteren,
von Frau Merkel und Herrn Schäuble durchgedrückten Fiskalpaktes
bilden.

Es ist für jeden sofort erkennbar, dass weder die Höhe der Inflation, noch die Schwankungsbreite der Wechselkurse, noch das
Ausmaß der Staatsverschuldung zuverlässige Indikatoren für die
Wirtschaftskraft eines Landes darstellen. Dennoch wurden auf Betreiben der Bundesbank diese Kriterien in den Maastricht-Vertrag
geschrieben. Die Höchstgrenze für die Staatsverschuldung wurde
damals auf 60 Prozent am jeweiligen BIP festgelegt, weil die akku-
mulierte Staatsschuld der Bundesrepublik just diese Höhe erreicht
hatte. In Wirklichkeit wurde willkürlich entschieden, ob ein Land
zum Euro-Club dazugehören durfte oder nicht. Die Staatsverschuldung Italiens und Belgiens beispielsweise übertraf die Maastricht-
Höchstgrenze drastisch.

Und um die Sache wirklich billig zu machen, wurde in den Maastricht-Vertrag zur Währungsunion und später in den Lissabon-Vertrag die Regel eingeführt, kein Staat werde für die Schulden eines
anderen haften. Das klingt wie eine vernünftige Regel. Denn warum sollten in der Tat österreichische Steuerzahler für Ausgaben
aufkommen, die Belgier für ihre Straßen, ihre Armee und die Sub-
vention ihrer Industrie getätigt haben? Ein solches Verhalten ist
unter souveränen Staaten nicht üblich. Allenfalls gewährt man sich
unter Freunden einen Kredit, wie etwa Helmut Schmidt einmal
der klammen italienischen Regierung mit einem größeren DM-
Kredit unter die Arme griff, weil die damals noch als gefährlich geltende KPI kurz davor stand, in die Regierung einzutreten, um das
Staatswesen zu stützen. Nur war damals der Euro noch ein fernes
Zukunftsprojekt.

Wenn Staaten allerdings ihre Währungen zusammenlegen und
eine gemeinsame schaffen, geben sie ein gehöriges Stück Eigen-
staatlichkeit zugunsten eines neuen Gemeinwesens auf. Die typische Reaktion eines national Gesonnenen auf ein solches Projekt

muss daher Ablehnung sein. Schließlich kann ein Staat ohne eigene Währung nur eingeschränkt Wirtschaftspolitik betreiben. Auf- und Abwertung, Veränderung des Zinsniveaus, Verfügung über den Notenbankgewinn, all das wird dem Einzelstaat als Entscheidungskompetenz entrissen und sozusagen zwischen den beteiligten Staaten vergesellschaftet. Die Patrioten an der Spitze deutscher Großunternehmen, Banken, Unternehmerverbände, der Bundesbank und des CDU-Wirtschaftsrates dagegen sahen in der Schwächung staatlicher Wirtschaftsmacht durchaus Vorteile. Schließlich meinen sie, dass ein abgespeckter Magerstaat sie freier, deregulierter und ungezügelter ihren Geschäften nachgehen lässt. Zudem ist ein magerer Staat deutlich billiger als ein starker.

Die Euro-Währungsunion wurde deshalb auf Betreiben deutscher Politiker und Notenbanker auch so konstruiert, dass keine übergreifende Wirtschaftspolitik betrieben wurde. Allein die neu geschaffene Europäische Zentralbank durfte und sollte mit dem Auf und Ab der Leitzinsen die Inflation eindämmen und den Euro damit stahlhart wie einst die D-Mark machen. Ansonsten wurden die nun so eng verknüpften und vereinten Volkswirtschaften dem segensreichen Wirken der freien Märkte, insbesondere der Finanzmärkte überlassen. Die gelegentlich vom Volkswillen verführten Regierungen oder gar Parlamente sollten keinerlei Einfluss auf das Wirtschaftsgeschehen ausüben können. Dass es unter diesen Umständen zu massiven Ungleichgewichten kommen musste, hat die deutsche Seite zwar gewusst, es hat sie aber nicht gestört. Im Gegenteil, alle Vorschläge anderer Euro-Teilnehmer, wirtschaftspolitische Ausgleichsmechanismen zu suchen, wurden abgebürstet.

Da nach vielen Fehlern und Missgeschicken mit sehr viel Geld bisher das Platzen der Währungsunion noch abgewendet worden ist, könnte die deutsche Staats- und Wirtschaftsführung vielleicht etwas gelernt haben. Sie könnte vielleicht den Vorschlag aus Frankreich und anderen Partnerländern aufgreifen und einer Abstimmung nationaler Politik zustimmen. Sie könnte vielleicht durch höhere Löhne, Renten und Sozialleistungen und eine Senkung der

Mehrwertsteuer den Endverbrauchermarkt im deutschen Inland
ankurbeln. Dafür würde zum Beispiel Griechenland die unproduk-
tiven Staatsausgaben für das Militär kürzen. So könnten peu à peu
der Exportüberschuss Deutschlands und der Importüberschuss der
südlicher Euro-Länder reduziert werden. Der Euro hätte ein wenig
Zukunft.

Allein, das ist und bleibt Illusion. Nichts deutet darauf hin, dass
die Eliten dieses Landes bereit sind, aus ihrem Scheitern zu lernen.
Sie werden weiter alles tun, um durch Druck auf Löhne und Sozialleistungen ihre eigene Wettbewerbsposition zu verbessern. Sie
werden es weiter ablehnen, wie es innerhalb selbst eines kapitalistischen Staates ansatzweise geschieht, für einen Ausgleich der ökonomischen Verhältnisse im gemeinsamen Währungsgebiet zu sorgen.

Die Interessenlage der Unternehmen und Regierungen in anderen Ländern war vollkommen anders. Der wichtigste Anreiz für
Schwachwährungsländer, am Euro teilzunehmen, waren die massiv
verbesserten Finanzierungsbedingungen. Italien, Spanien, Portugal
und Griechenland mussten, um ihre Industrien zu schützen, immer
mal wieder die Lira, die Peseta, den Escudo oder die Drachme ab-
werten. Wenn ausländische Kapitalisten in diesen Ländern investier-
ten, egal ob in Bankaktien, einer Schuhfabrik oder in Staatsanleihen,
mussten sie damit rechnen, dass eine Abwertung am nächsten Wochenende oder auch erst in zwei Jahren, den Wert des Investments
für sie um 5, 10 oder auch 15 Prozent verringern würde. Um diesen
potenziellen Verlust, das so genannte Währungsrisiko auszugleichen, verlangten sie einen Risikoaufschlag. Die Bankaktie und die
Schuhfabrik waren in diesen Ländern entsprechend billiger als in
Hartwährungsländern, und die Staatsanleihen boten deutlich höhere
Renditen.

Schon als sich abzeichnete, dass diese Hochzinsländer an der
Währungsunion teilnehmen würden, setzte die Spekulation ein. Weil
das Währungsrisiko der Abwertung verschwunden war, ging das
Zinsniveau dramatisch zurück. Entsprechend stiegen die Preise für
Staatsanleihen, Aktien und Immobilien. Spekulationskapital strömte

in diese Länder. Im Vorfeld der Währungsunion und in ihren ersten Jahren erlebten die Südländer des Euro einen durch die Kapitalzufuhr angeregten Boom. Das Wirtschaftswachstum war in Spanien und Griechenland deutlich höher als in der übrigen EU. Auch Portugal und Italien wuchsen stärker als Frankreich oder gar Deutschland. Zugleich stiegen auch die Preise für Waren des täglichen Bedarfs und ebenso die für die Ware Arbeitskraft.

Während also der Süden der Eurozone einen durch Kapitalzufluss angeregten Wirtschaftsboom erlebte, ging das Kapital in Deutschland, wie wir aus eigener leidvoller Erfahrung wissen, nach dem Platzen der Internetaktienblase unter der Regierung Schröder auf verschärften Restriktionskurs in Form von Lohnsenkung und Abbau von Sozialleistungen. Die durch die deutsche Einheit und einen etwas zu hohen DM/Euro-Umtauschkurs vorübergehend schwächer gewordenen Verwertungsbedingungen des deutschen Kapitals erholten sich dramatisch. Seine Wettbewerbsfähigkeit, wie die Kapitalisten das selber gern nennen, stieg im Vergleich zur Konkurrenz im Ausland steil an. Die Profite sprangen nach oben. Der Exportüberschuss führte zu einer dramatisch steigenden positiven Leistungsbilanz. Entsprechend stieg die Kapitalausfuhr. Das Kapital floss keineswegs überwiegend in die boomenden Süd-Euro-Länder, sondern vielmehr in Subprime Kredite und Collateralized Debt Obligations in den USA. Per Saldo aber finanzierte der deutsche Kapitalexport zu einem Gutteil die steigenden Importüberschüsse in den Südländern und die gleichzeitig damit wachsende Verschuldung der Privaten, aber auch des Staates.

Vermutlich wäre alles unter den Bedingungen des weltweiten Finanzbooms noch ein paar Jahre so weiter gelaufen, hätte nicht im Sommer 2007 die große Finanzkrise eingesetzt. Durch sie wandelte sich der weltweit herrschende Überfluss an Anlage suchendem Kapital in Kapital- und Liquiditätsmangel. Die für das Funktionieren des Kapitalismus zuständigen Staaten brachten gegen die absackende Nachfrage große Konjunkturprogramme in Stellung, sie stützten mit Hunderten Milliarden Dollar, Euro, Pfund, Franken ihre Ban-

ken. Ihre Notenbanken pumpten Geld ins Finanzsystem. Die riesige
aufgeblähte private Verschuldung wurde durch die Bankenrettungs-
programme auf die Staaten überschrieben oder überwälzt. So ist es
kein Wunder, dass die Bereitschaft der Kapitalisten nachließ, den
schwächeren unter diesen Staaten Kredit unter den günstigen Konditionen wie bisher zu geben. Als im Herbst 2009 Griechenland in
Finanzschwierigkeiten geriet, die anderen Euro-Länder und die EU
vor allem auf Betreiben der deutschen Regierung es im ersten Anlauf ablehnten, helfend einzugreifen, nahm die weltweite Finanzkrise die Form der Euro-Krise an.

6.
Der Finanzsektor in Euroland
(Fehlkonstruktion, 2. Teil)

Anfang Oktober 2009 fanden in Griechenland vorgezogene Parlamentswahlen statt. Die bisherige Regierungspartei ›Nea Demokratia‹ unter Kostas Karamanlis wurde – vor allem wegen einiger Fälle skandalöser Günstlingswirtschaft – von der sozialdemokratischen Pasok geschlagen, die mit einer absoluten Parlamentsmehrheit die neue Regierung bildete. Im Wahlkampf hatte der Chef der Pasok und der neuen Regierung Georgios Papandreou, wie in Wahlkämpfen üblich, einen »Kassensturz« der Staatsfinanzen gefordert und versprochen und nach seiner Wahl zum Premierminister auch durchgeführt. Und siehe da, es stellte sich heraus, dass die Schulden des griechischen Staates sehr viel höher waren, als von der Vorgängerregierung angegeben und nach Brüssel gemeldet worden war.

Die Überraschung war riesig. Und noch größer war die Überraschung darüber, dass die Schulden schon zehn Jahre zuvor viel höher gewesen waren, als damals angegeben worden war. Dank des damals sensationell schnell gesunkenen Schuldenstandes hatte sich das Land ein Jahr nach der Geburt des Euro nachträglich für die Währungsunion qualifiziert. Wer war da so überrascht? Nun, zuvörderst die Herren der Europäischen Kommission, die die griechischen Schuldenstatistiken abgenommen, geprüft und genehmigt hatten. Sie wussten allerdings genau, dass die Schulden Griechenlands ganz wie die anderer Staaten nach unten manipuliert worden waren. Sie wussten auch, dass die griechische Regierung zum Zeitpunkt der Euro-Zulassung die Dienste der hoch angesehenen Investmentbank Goldman Sachs in Anspruch genommen hatte, die vollkommen legal mit Kreditlinien für erwartete Einnahmen aus Flughafengebühren, Lotterien usw. das rechnerische Defizit minimierte. Ähnliche Tricks wandte später der deutsche Finanzminister Hans Eichel an, als er sich bemühte, das wegen der massiven Unternehmenssteuersenkungen ausufernde Staatsdefizit scheinbar zu reduzieren. Vollkommen überrascht war auch das Führungsgremium der Europäischen Zentralbank, das sich selbst als Wächter über die Staatsfinanzen versteht. Schließlich war der Grieche Lukas Papademos seit 2002 Vizepräsident der EZB. Davor, also zur Zeit der besonders wundersamen Defizitminderung und der grandiosen Aufnahme Griechenlands in die Reihen der Euro-Staaten, war Papademos Gouverneur der griechischen Zentralbank. Er konnte deshalb nicht ahnen, welche Verschuldungsmassen sich hinter seinem Rücken angehäuft hatten.

Völlig überrascht von den Ergebnissen des Kassensturzes waren natürlich auch die Rating-Agenturen. Sie sind, könnte man meinen, dazu da, Anleger zu warnen, wenn die Schulden der Anleiheemittenten gefährlich groß werden. Aber wie sollten die Rating-Agenturen denn ahnen, dass eine Jahre lang und in vielen Ländern geübte Praxis nun plötzlich nicht mehr gut ankommt. Jedoch sie handelten. Als sie merkten, dass einige Großanleger griechische Staatsanleihen verkauften, die Renditen dieser Papiere als kräftig anzogen, verringerten sie die Noten für Griechenland, das – das muss zur Ehre der viel gescholtenen Institute gesagt werden – schon zuvor die schlechtesten Noten aller Euro-Länder hatte. Schließlich waren auch die Investmentbanker vollkommen überrascht vom griechischen Unterschleif. Wie konnten Goldman Sachs, JP Morgan, Deutsche Bank etc. denn auch ahnen, dass es dem neuen griechischen Premier einfallen konnte, die Praxis der Vertuschung plötzlich aufzudecken. Sie nahmen das übel, verkauften Griechen-Bonds aus den eigenen Portefeuilles

Über Rating-Agenturen

Sogar im fünften Jahr der globalen Finanzkrise halten Journalisten und Politiker die Rating-Agenturen immer noch für gottgleiche Wesen. Als Anfang des Jahres 2012 die Rating-Agentur Standard and Poor's (S&P) der Republik Frankreich die begehrte Bestnote, das »AAA«, entzog, war das den deutschen Qualitäts-Zeitungen ›Süddeutsche‹ und ›FAZ‹ ebenso wie der britischen ›Financial Times‹ den Aufmacher wert. Es handelte sich also in den Augen der Redaktionen dieser Blätter allen Ernstes um die wichtigste Nachricht des Tages. Nicht nur die Printmedien handelten so. Denn am Abend zuvor hatte sich die nur viertelstündige ›Tagesschau‹ der ARD minutenlang mit diesem Thema beschäftigt und die Nachrichtensendung dann noch einmal unterbrochen mit der Knüllernachricht, dass die bis dato nur erwartete Herabstufung Frankreichs nun wirklich erfolgt sei.

Journalisten haben wenigstens die Ausrede, dass sie nur das für wichtig nehmen, was die Akteure in der realen Welt der Macht und Wirtschaft selber für bedeutend halten. Eine gute Ausrede. Denn mehr Aufwand hätte die Regierung des damals noch als französischer Präsident amtierenden Nicolas Sarkozy gar nicht betreiben können, um diese uninteressante Meinung einer popeligen Rating-Agentur zum Großereignis hochzujubeln. Sarkozy war dumm genug gewesen, den Erhalt des dreifachen A zum Regierungsziel erhoben zu haben. Vielleicht glaubte er, die Rating-Agenturen würden vor Angst, ihn zu brüskieren, von einer Abwertung Frankreichs Abstand nehmen. Vielleicht hat das sogar bei den anderen Rating-Agenturen funktioniert. An der Dummheit solcher Taktik ändert das freilich nichts. Die Herabstufung Frankreichs wurde so zu einer weithin sichtbaren politischen

Niederlage und dürfte somit ein wenig zur Wahlniederlage des amtierenden Präsidenten im Mai desselben Jahres beigetragen haben.

Die Episode verdeutlicht, dass Rating-Agenturen erstens maßlos überschätzt werden und zweitens, dass ihre begrenzte Wirkung zum großen Teil darauf beruht, dass sie so sehr überschätzt werden.

Die Rating-Agenturen sind Erscheinungen der spezifischen US-amerikanischen Form des Finanzkapitalismus. Er zeichnet sich dadurch aus, dass die Banken als Kreditgeber des Industrie- und Handelskapitals eine geringere Rolle spielen als in Kontinentaleuropa und dass die Unternehmen sich stattdessen mehr über die Börse, also über die Ausgabe von Aktien und Anleihen (Bonds) finanzieren. Während also in Deutschland die Entscheidung über die Finanzierung eines Unternehmens und seine Konditionen meist in Verhandlungen mit der Bank getroffen wurden und noch werden, entschieden und entscheiden in den USA vorwiegend die Anleihekäufer darüber, ob und zu welchen Konditionen die Unternehmen Kredit erhalten. Diese Käufer (Fonds, Versicherungen, Banken, Privatpersonen etc.) lassen und ließen sich von Rating-Agenturen beraten, die die Kreditwürdigkeit von Unternehmen bewerten. Ganz wie Banker in Deutschland und anderswo nehmen die Agenturen da eine Abschätzung vor, mit welcher Wahrscheinlichkeit das Unternehmen den Kredit auch tatsächlich mit Zinsen bedienen und am Ende der Laufzeit zurückzahlen kann. Die Rating-Agenturen Moody's und Standard & Poor's (S&P) entstanden Anfang des vergangenen Jahrhunderts und arbeiteten nach einem Geschäftsmodell wie andere Nachrichten-Agenturen auch: Sie belieferten einen Abonnenten-Stamm mit Informationen über Unternehmen und versahen diese Informationen mit einer tief gegliederten Notengebung. Schon von Anfang an war die Bestnote das begehrte »AAA«, das von Moody's allerdings mit kleinen Buchstaben »aaa« geschrieben wurde.

In den 70er Jahren des vorigen Jahrhunderts erweiterten die Rating-Agenturen ihr Geschäft in dreierlei Hinsicht. Zum einen ließen sie sich nicht nur von ihren Abonnenten, den Investoren bezahlen, sondern auch und mehr und mehr von den Unternehmen, die und deren Bonds sie bewerteten. Man sollte diese Praxis nicht vorschnell verurteilen, sondern sich daran erinnern, dass Zeitungen und Zeitschriften im Regelfall den kleineren Teil ihrer Erlöse von ihren Leser-Abonnenten, den größeren aber von werbenden Unternehmen und Institutionen erhalten, über die sie im redaktionellen Teil – natürlich völlig unbeeinflusst – berichten. Jedenfalls förderte die neue Praxis Umsatz und Profit und verbreiterte die Aktionsmöglichkeit der Rating-Agenturen.

Wahrscheinlich wäre die Praxis, von den Unternehmen Geld zu nehmen, nicht möglich gewesen, wenn es nicht das Bemühen der Regierung in Washington gegeben hätte, für noch mehr Offenheit, Transparenz und Fairness auf dem Finanzmarkt zu sorgen. Der Gesetzgeber begann den überall entstehenden und schnell wachsenden Pensions- und anderen Fonds Vorschriften darüber zu machen, in welche Wertpapiere sie investieren durften. Als Mindeststandard war eine Mindestnote von einer der Rating-Agenturen vonnöten. Die Agenturen wurden damit von einfachen Informationsdienstleistern zu Stützen der staatlichen Finanzaufsicht. Ihre Notengebung wurde von einer unverbindlichen Meinung zu einem offiziellen Gütesiegel. Es ist wenig erstaunlich, dass man dafür Geld nehmen kann.

Die Rating-Agenturen konnten sich so, ebenfalls schon in den 70er Jahren, einem neuen Betätigungsfeld zuwenden, der

Benotung von Staaten. Ähnlich wie die US-Regierung (und der US-Kongress) sich auch heute noch anmaßen, über den Grad der Demokratie oder die Achtung der Menschenrechte in anderen Ländern Urteile zu fällen und Ranglisten zu erstellen, maßen sich die Rating-Agenturen Urteile über die öffentlichen Haushalte, das Steuer- und Regierungssystem, die Wirtschaftspolitik usw. der Staaten der Welt an. Das war ein Geschäft, das zunächst nicht zu lohnen schien. Denn die Staaten bezahlten nicht für die Notengebung. Doch zahlten die Investoren, zu denen als Kreditgeber der Staaten vor allem viele Banken zählten, umso bereitwilliger für die Dienstleistung. Das System bewährte sich auf dramatische Art in der lateinamerikanischen Schuldenkrise, als ein Staat nach dem andern zu Beginn der 80er Jahre dank der Hochzinspolitik der USA finanziell in die Knie ging.

Den Höhepunkt ihrer Macht erklommen die Rating-Agenturen im letzten Jahrzehnt des alten Jahrhunderts. Wer ihnen die Macht verlieh, waren erneut die Regierungen und ihre Regulierungsbehörden. Zum einen wurde im Abkommen, das die Bankenaufsicht weltweit regelt, die hohe Bedeutung der Rating-Urteile festgeschrieben. Das als Basel II bekannte Abkommen ging davon ab, den Banken eine einfache Höchstgrenze ihrer Kreditvergabe zu setzen. Vielmehr wurde die Kreditvergabe nun nach ihrem Risiko bewertet. Die Bewertung des Risikos wurde ganz hochoffiziell an die Rating-Agenturen delegiert. Zur selben Zeit führte die Einführung des Euro zu einer Veränderung der Regeln bei der Geldschöpfung in Europa. Bis dahin hatten die einzelnen europäischen Zentralbanken das Geld an die Banken in ihrem Währungsgebiet ausgehändigt und dabei als Sicherheit die Hinterlegung der Staatsanleihen ihres Staates akzeptiert. Die Banken durften auch Pfandbriefe, Anleihen privater Adressen oder direkte Kredite an Unternehmen als Sicherheiten einreichen. Diese wurden von der Notenbank geprüft. Die Bundesbank unterhielt für diesen Zweck eine mehr als hundertköpfige Recherchetruppe, die die Unternehmen zu prüfen hatte. In Euroland galt bis zum ersten Höhepunkt der Staatsschuldenkrise die Regel, dass nur Staatsanleihen mit einer Rating-Mindestnote von »BBB« als Sicherheit für einen Notenbankkredit akzeptiert wurden. Die Rating-Agenturen wurden damit zu Schiedsrichtern im Allerheiligsten des Finanzsystems, der Geldschöpfung gemacht. Man sollte allerdings anmerken, dass das nicht durchzuhalten war. Noch ehe Griechenland unter »BBB« bewertet war, entschied der EZB-Rat, dass auch niedrig bewertete Staats- oder Privat-Anleihen als Sicherheit dienen könnten. Andernfalls wären die griechischen Banken schon 2010 pleite gegangen.

Es gibt weltweit nach wie vor nur wenig Rating-Agenturen. Abgesehen von einigen Spezialisten sind sie alle US-Unternehmen, was angesichts der Geschichte nicht wirklich erstaunlich ist. Offiziell anerkannt vom US-Kongress, der sehr viel mehr Dinge zu regeln sich vorbehält als europäische oder deutsche Parlamente, sind fünf. Zwei von ihnen sind aber nur dazu da, dass dem Oligopol der beiden größten nicht auch noch der parlamentarische Segen erteilt wird. Die dritte, Fitch, hat zwar auch eine lange Geschichte, war aber noch in den 2000er Jahren mit großem Abstand erst die drittgrößte Agentur und noch damit beschäftigt, wie die zwei wirklich großen ins große Geschäft zu kommen. Fitch beschwerte sich bei der Börsenaufsicht SEC und bei Kongress-Kommissionen gegen die Praktiken der beiden Großen, S & P und Moody's, die die dritte Agentur nicht ins junge und seit Anfang des neuen Jahrtausends unglaublich flott laufende Geschäft mit der Bewertung »strukturierter Produkte« kommen lassen wollten.

Zu diesem Zweck bewerteten die beiden Marktführerinnen ein strukturiertes Kreditpaket, das Kredite enthielt, die nicht von S & P oder Moody's geratet worden waren (sondern, so ist zu ergänzen, nur von Fitch), um einige Grade niedriger. Die beiden Großen machten das nicht nur so, sie kündigten diese Praxis auch vorher an. Sie erreichten damit, dass die Investmentbanken darauf achteten, dass alle in ein strukturiertes Kreditpaket eingepackten Kredite ein Rating von S & P oder Moody's erhielten.

Die allgemeine Empörung über die Rating-Agenturen in der Anfangsphase der Finanzkrise ist verständlich. Denn diese kleinen Unternehmen hatten eine zentrale Rolle bei der Verpackung und dem Verkauf von Krediten aller Sorten gespielt. Sie haben mit dazu beigetragen, den Kredit- und Verschuldungsboom im Anlauf auf die Finanzkrise in immer neue Höhen zu treiben. Ihre Aktivitäten hatten zur Verteilung schlechter Risiken im globalen Finanzsektor geführt. Die Rating-Agenturen hatten diese Kredite bewertet, mit Noten, dem »Rating«, versehen. Als sehr gut und gut bewertete Kreditforderungen faul geworden waren, richtete sich der Zorn der Käufer und des Publikums nicht nur gegen die Veranstalter der Sause, die Hedge-Fonds und Investment-Banken, sondern fast noch mehr gegen die falschen Notengeber.

Dass die Rating-Agenturen versagt haben, war die früheste aller akzeptierten Weisheiten über die Finanzkrise. Aber noch nicht einmal die wirklich allseits geforderte Regulierung dieser kleinen Research- und Marketingorganisationen ist nun, da dieses Buch geschrieben wird, fast fünf Jahre nach dem offenen Ausbruch der Krise, wirklich durchgeführt. Die Agenturen haben vielfach geschummelt, sie haben sich von den Emittenten bezahlen lassen und deshalb deren Produkte wohlwollend beurteilt. Sie haben schließlich strukturierte Produkte, die vor dem Sommer 2007 so beliebten CDOs, mit der selben Notenskala versehen wie Anleihen, obwohl sie dabei nicht die Emittenten geprüft hatten, sondern nur die Struktur des Schuldenpaketes und seiner Tranchen. Die Rating-Agenturen haben im allgemeinen Wahnsinn des Kreditbooms eine wichtige, keineswegs aber eine tragende Rolle gespielt. Sie waren die Hilfsknechte, während die Investmentbanker die Herren der Finanzinnovation waren. Die Investmentbanker brauchten die Agenturen, um sich ein wenig Seriosität zu leihen.

Man hätte ja hoffen können, dass die Seriosität der Rating-Agenturen so gelitten hat, dass sich niemand mehr um ihre Noten kümmert. So rational ist aber diese Finanzwelt nicht. Im Verlauf dieser Krise bildeten Rating-Urteile über die Zahlungsfähigkeit von Staaten immer wieder neue Höhepunkte öffentlicher und politischer Aufregung. Die Rating-Agenturen maßten sich unbehelligt an, über das Wohl und Wehe ganzer Länder zu urteilen, in der Öffentlichkeit wurde das als Skandal dargestellt, zugleich aber akzeptierte die Politik diese Urteile und strebte unverdrossen gute Noten an. Der Verlust an Renommee, den die Rating-Agenturen anfangs erlitten hatten, blieb auf die eigentlich unbeteiligte politische Öffentlichkeit beschränkt. Die Finanzakteure selber fanden die Agenturen und ihre Urteile immer noch nützlich. Also blieb auch danach – trotz eines riesigen Angebots von Reformvorschlägen – nichts weiter übrig als eine freundliche Selbstverpflichtung der Agenturen plus eine Aufsicht, die allzu krasse Käuflichkeit der Urteile unterbinden soll.

Wenn man sich die Urteile von Rating-Agenturen anschaut und prüft, welche Konsequenz sie am Finanzmarkt haben, stellt man fest, dass diese Urteile ein nachlaufender

Indikator sind. Es ist nicht so, wie vielfach dargestellt, dass eine Herabstufung Verkäufe und damit sinkende Preise der entsprechenden Anleihen auslösen würden. Es ist meist umgekehrt. Erst fallen die Preise (entsprechend steigen die Renditen), und dann senken die Agenturen ihre Noten. Der oben aufgeführte Fall Frankreich ist die geradezu klassische Illustration dieser Feststellung. Erst fielen die Kurse der französischen Staatsanleihen (genannt OAT), während die der deutschen Bundesanleihen stiegen. Dann passiert erst lange nichts. Das ging das ganze Jahr 2011 so. Die OAT-Zehnjahresrendite erreichte mit über 4 Prozent zeitweise fast das Doppelte der entsprechenden Bund-Rendite. Dann erst, nach Monaten der OAT-Schwäche folgt endlich S&P mit der kleinen Herabstufung von AAA auf AAA-. Regierungen, Opposition und Journalisten, der gesamte politische Betrieb taten gemeinsam so, als hätten sie nicht erst ein halbes Jahr zuvor beobachtet, dass die Herabstufung der USA vom obersten »AAA«-Status absolut keine negativen Konsequenzen für die Finanzierung Washingtons am Kapitalmarkt gehabt hatte. Die schlechter werdenden Konjunkturaussichten für die USA, die auch ein Grund für die Herabstufung des Landes durch S&P waren, sorgten dafür, dass sich die Preise der US-Staatsanleihen noch verbesserten und ihre Renditen sich sogar noch ermäßigten.

Wirklich komisch wirken die regierenden Politiker und ihr Anhang, wenn sie die Rating-Agenturen kritisieren. Die Herabstufung Frankreichs (und der anderen Länder) sei zum falschen Zeitpunkt gekommen, hieß es beispielsweise aus den Reihen des CDU-Vorstands. Gerade eben und endlich habe sich die französische Regierung Sparprogramme vorgenommen und ihrem Volk auferlegt. Noch schlimmer, die Rating-Agentur nehme den großen, von den EU-Regierungschefs verabredeten »Fiskalpakt« nicht ernst. Warum sollte sie, warum sollte irgendjemand diese Verabredung ernst nehmen? Hier muss man die Rating-Agenturen in Schutz nehmen. Ein noch so rigoroser Fiskalpakt verbessert die Fähigkeit der Staaten, ihre Schulden zu bedienen, überhaupt nicht. Die Frage ist völlig berechtigt, warum er dann überhaupt beschlossen wird.

Zusammenfassend lässt sich feststellen, dass die Macht der Rating-Agenturen über die Staaten daher rührt, dass sie von der staatlichen Finanzaufsicht beauftragt worden sind, den Schiedsrichter über Finanzanlagen zu spielen. Auch Kanzlerin Merkel befand in einer Anwandlung reformerischer Radikalität, man könne über eine Änderung dieses Auftrags einmal nachdenken. In der Tat, das könnte man. Man hätte es schon längst tun können, wenn man es denn wollen würde. Man müsste dann allerdings einen kleinen, radikalen Entschluss fassen und zur Abwechslung einmal staatliche Aufsicht auch wirklich in die Hände staatlicher Behörden legen und sie nicht, wie üblich, den angeblich so viel klügeren Privaten überlassen.

Die Unterwerfung unter das Urteil der Rating-Agenturen hat Methode. Es ist Ausdruck der Tatsache, dass die Regierungen und die gesamte EU sich gern, freiwillig und EU-vertragsgemäß den Märkten, insbesondere den Finanzmärkten, ausliefern. Pakte und Verträge über die nationalen Haushalte und die Einschränkung des Budgetrechts künftiger Generationen werden erklärtermaßen nur unter dem Gesichtspunkt verabredet, die Märkte zu beeindrucken. Welche Perversion! Und wie lächerlich wirken die Staatsfrauen und Staatsmänner dann, wenn die Märkte oder ihre selbst beauftragten Sprecher, die Rating-Agenturen, davon gar nicht begeistert sind.

und aus denen ihrer betuchten Klientel. Nicht genug damit, sie setzten die übrige Spekulationsmaschine in Gang, vor allem die berüchtigten »Credit Default Swaps«. Zum, im Rückblick harmlosen, Höhepunkt war Anfang Dezember 2009 ein Renditeaufschlag bei zehnjährigen griechischen Anleihen von 2,3 Prozentpunkten zu entsprechend langen Bundesanleihen erreicht. Das war fast so viel wie zum Jahreswechsel 2008/09, als die Effekte der weltweiten Finanzkrise zum ersten Mal richtig durchgeschlagen hatten.

Jedenfalls aber kann man konstatieren, dass sich im November/ Dezember 2009 aus der weltweiten Finanzkrise eine Sonderform herausbildete, die Euro-Staatsschuldenkrise. Zunächst hatte das noch den Charakter eines Tests. Am strukturell schwächsten Staat der Eurozone probieren die internationalen Anleger aus, wie die Währungsunion reagiert, wenn sie unter Druck kommt. Ich habe damals in einem Leitartikel (›junge Welt‹ vom 10.12.2009), wie ich unbescheiden finde, ziemlich präzise zusammengefasst, was da abging:

> »An Griechenland soll ein Exempel statuiert werden. Erstens geht es darum, die neue, von der sozialdemokratischen Pasok gestellte Regierung zur Aufgabe ihrer sozialen Wahlversprechen zu zwingen. Die bisherigen drastischen Kürzungsmaßnahmen sind da noch nicht genug. Bei den Löhnen, die in den Jahren zuvor stärker gestiegen waren, sollen deutsche Verhältnisse eingeführt werden.
>
> Zweitens soll die Währungsunion getestet werden. Üblich ist es im finanzdominierten Kapitalismus, dass Staaten, die in den Verdacht der Pleite geraten, vom Internationalen Währungsfonds (IWF) mit Krediten gestützt werden, der ihnen dann ein rigoroses, unsoziales Sparprogramm verordnet. Hier ist es anders. Griechenland ist Mitglied der Euro-Währungsunion. Gespannt warten die Banker und Investoren der Welt darauf, wie Deutschland, Frankreich und die anderen Euro-Staaten die Situation bereinigen. Die erhöhen den Druck auf Griechenland. Sie haben ein massives Interesse daran, die Eurozone als Absatzmarkt und Kreditadresse erster Kategorie zu erhalten. Bevor es zur Staatspleite kommt, werden die Euro-Staaten einen hübschen, großen Kredit arrangieren, für den, ganz wie beim IWF die Griechen am Ende bluten sollen. So viel Solidarität im Interesse der werdenden Großmacht Europa muss unter Staatslenkern schon sein. Das Kapital will schließlich auch wissen, wer am Ende zahlt.«

Richtig an dieser Prognose war, dass sich die anderen Euro-Länder zu einem Rettungspaket für Griechenland durchgerungen haben. Aber wie lange das gedauert hat! Und welche unnötigen Kosten damit verbunden waren! Schließlich sind die Probleme, die einige europäische Länder mit ihren Staatsfinanzen haben, in den USA und Japan keineswegs geringer. Die staatliche Bruttoverschuldung als Prozentsatz des Bruttoinlandsprodukts lag nach Schätzungen der OECD 2012 in den USA bei 109 Prozent, in Japan sogar bei sagenhaften 214 Prozent und damit deutlich höher als in allen europäischen Ländern. Im Durchschnitt der Euro-Staaten ist die Verschuldungsquote relativ zum BIP in den letzten drei Jahren massiv weiter gestiegen auf für 2012 geschätzte 99 Prozent. Der Wert für Deutschland ist dank des deutlich besseren BIP-Wachstums bei 83 Prozent in dieser Zeit konstant geblieben. Die deutsche Staatsschuld gilt am Finanzmarkt als das sicherste Produkt neben den Anleihen der USA und denen Japans. Es besteht jedenfalls keine eindeutige Beziehung zwischen der Höhe der Verschuldung eines Staates und seiner Akzeptanz am Finanzmarkt.

Aber es gilt auch am Markt für Staatsanleihen eine Beziehung, die für Schuldner generell gilt. Sie lautet: je höher die aufgelaufene Verschuldung, desto mehr Geld muss für die Bedienung, also für Zins- und Tilgungsleistungen aufgewendet werden. Das ist eine einigermaßen triviale Einsicht. Sie ist jedoch schmerzhaft. Wenn man nun die Höhe der Zinsen kennt sowie die Fristenstruktur der Schulden, also weiß, wann jeweils welche Beträge an die Gläubiger zurückbezahlt werden müssen, ergibt sich rein mathematisch, wie viel der Schuldner jeweils aufwenden muss, um der Insolvenz zu entgehen. Ist das, wie im Frühjahr 2010 im Fall Griechenland, deutlich mehr, als realistischerweise an Steuern und sonstigen Einnahmen des Staates herausgeholt werden kann, kann jeder sich ausrechnen, dass früher oder später mit Konkurs zu rechnen ist.

Wir haben es hier mit der objektiven Seite der Staatsschuldenkrise zu tun. Obwohl der griechische Staat nicht sehr viel höher verschuldet war als die USA und deutlich weniger als Japan, war und ist eine Pleite Griechenlands im Kalkül realistisch rechnender Anleger viel wahrscheinlicher als eine solche der USA oder Japans. Letztere können ohne weiteres ihre Steuereinnahmen dramatisch erhöhen, sollte der politische Wille dazu da sein. In Griechenland ist das weniger sicher. Vor allem aber verfügt Griechenland nicht über eine anerkannte Währung, mit der Schulden bezahlt werden können. Darüber später mehr. Jedenfalls genießen die hoch und sogar rekordhoch verschuldeten Staaten USA und Japan viel niedrigere Zinsen als Griechenland. Und weil sie viel niedrigere Zinsen genießen als Griechenland, ist ihr Konkurs objektiv betrachtet, ziemlich unwahrscheinlich, jedenfalls weit weniger wahrscheinlich als der Griechenlands.

Das ist natürlich ungerecht. Aber Kapitalismus hat mit Gerechtigkeit nichts zu tun. Der Finanzmarkt übrigens auch nicht. Am wenigsten gerecht ist es, dass die Zinsen just dann steigen, wenn man es als Schuldner am wenigsten gebrauchen kann, wenn man nämlich ohnehin knapp bei Kasse ist und Geld leihen muss, um alte Schulden zu bezahlen. Als Griechenland im Frühjahr 2010 ins Visier der Finanzmärkte geriet, stiegen die Zinsen für langfristige griechische Staatsanleihen von unter 6 auf über 12 Prozent. Im oben erwähnten Kalkül, ob der Konkurs wahrscheinlich ist oder abgewendet werden kann, spielt die Zinshöhe die entscheidende Rolle. Selbst unter den günstigsten Annahmen über die künftige Höhe der Steuereinnahmen und staatlichen Ausgaben wachsen wegen der hohen Zinsen die zu bedienenden Schulden. Die Lage wird aussichtslos.

Steigende Zinsen für die Schuldner sind also nicht nur das Zeichen dafür, dass die Pleite wahrscheinlicher wird, sie machen zugleich diese Pleite wahrscheinlicher. Deshalb haben auch diejenigen recht, die von Attacken des Finanzmarktes auf gewisse Schuldnerstaaten reden. Dabei spielen Rating-Agenturen, Kreditversicherungskontrakte (die berüchtigten CDS), natürlich auch die Manipulation der Nachrichtenlage durch Politik und Presse eine vorzügliche Rolle. Am Fall Griechenland lässt sich gut nachvollziehen, wie sich seit Herbst 2009 die »Bonität« (ein hübscher Ausdruck der Banker für die vermutete

Über Credit Default Swaps

Credit Default Swaps (CDS) sind Kreditausfallversicherungen, die handelbar sind. Das klingt fast vernünftig. Aber sie gehören zu den übelsten Blüten, die aus dem wuchernden Finanzsumpf der letzten beiden Jahrzehnte gesprossen sind. Sie spielen auch eine wichtige Rolle bei der Entwicklung und Verschärfung der Staatsschuldenkrise.

Fast jeder Aspekt dieser Finanzderivate hat etwas Skandalöses. Das beginnt schon mit dem Namen. Der oder das CDS ist eigentlich ein Versicherungsvertrag, heißt aber »Swap«, also Tausch. Warum ist das so? Wäre die Kreditausfallversicherung auch dem Namen nach eine Versicherung, dann wäre die Versicherungsaufsicht für ihre Zulassung zuständig gewesen. Das wollten die Erfinder der CDS aber vermeiden. Denn die Versicherungsaufsicht, die in den USA auf der Ebene der Einzelstaaten organisiert ist, hätte dann, wie es ihre Aufgabe ist, prüfen müssen, ob der Versicherer, also jene Firma, die den handelbaren Versicherungsvertrag ausgibt, in der Lage ist, das Risiko eines Kreditausfalls zu tragen, und ob sie genügend Reserven für diesen Fall bereithält.

Als Swap, als Finanzderivat und Tauschobjekt im Interbankenhandel, qualifizierte sich das CDS für die Aufsicht durch die Commodity Futures Trading Commission CFTC, die seit vielen Jahrzehnten für die Terminbörsen in Chicago zuständig ist. Diese Terminbörsen sind der heute noch sehr lebendige Beweis dafür, dass Spekulation mit Lebensmitteln (Schweine- und Rinderhälften, Weizen, Kaffee, Mais etc.) keineswegs neu, sondern eine traditionsreiche Sache ist. In Chicago ist auch Tradition, dass sich die Broker und ihre Börsen die Aufsicht für ihre Zwecke nutzbar machen. Das änderte sich nicht, als seit den 1970er und verstärkt den 1980er Jahren neben Optionen und Futures auf Schweinehälften und Getreide auch solche auf US-Staatsanleihen, Aktien und Aktienindizes gehandelt wurden. Das Geschäft belebte sich, und die Chicagoer Aufsicht CFTC erhielt mehr Kompetenzen. Sie mischte nun auch bei den Finanzprodukten mit – und zwar in Konkurrenz zu den anderen Aufsichtsbehörden.

Die CFTC übertrug die Regulierung der Credit Default Swaps, wie sie das immer zu tun pflegte, einer Organisation der Finanzbranche, die schließlich am besten wusste, wie mit dem Teufelszeug umzugehen, wie viel Geld daraus zu schlagen und wie Streitfälle am besten kollegial zu klären waren. Die Organisation mit Sitz im schönen New York heißt International Swaps and Derivatives Association (Isda). Das für alle Seiten nützliche Arrangement besteht heute noch.

Dass CDS von der Aufsicht nicht als Versicherungs- sondern als Finanzhandelsprodukt behandelt wurden, hatte zwei Konsequenzen. Erstens verbreiteten sich die CDS locker über den gesamten Globus, ohne dass sie von der Finanzaufsicht der Gastländer auch nur einer oberflächlichen Prüfung unterzogen wurden. Zweitens mussten die Emittenten der CDS genannten Versicherungsverträge sich keiner weiteren Prüfung der Solidität dieser Geschäfte unterziehen. Sie mussten lediglich, wie das unter Brokern, Händlerbanken und Terminbörsen üblich ist, Einschüsse oder Sicherheiten hinterlegen. Das führte schließlich dazu, dass im September 2008 die damals größte Versicherungsgesellschaft der Welt, American International Group (AIG), die kräftig CDS-Verträge ausgestellt hatte, fast pleite ging und von der US-Notenbank knapp vorher mit der Summe von 150 Mrd. Dollar vor dem Untergang gerettet wurde.

Die von Anfang an völlig mangelhafte Aufsicht über die CDS ist nur die erste Verrücktheit. Die zweite besteht darin, dass sich diese Produkte vorzüglich dazu eignen, mit relativ geringem Kapitaleinsatz Schuldner in größere Schwierigkeiten zu bringen oder sie im Extremfall in die Pleite zu treiben.

Dazu muss man sich nur ansehen, wie die Dinger konstruiert sind und wie sie gehandelt werden. Der CDS ist ein Vertrag, der dem Käufer das Risiko eines Kreditausfalls abnimmt, wofür der Verkäufer eine regelmäßig zu zahlende Prämie erhält. Die Höhe dieser Prämie ist sozusagen der Preis der Versicherung. Er steigt, wenn sich das Risiko erhöht, dass der versicherte Kredit nicht zurückgezahlt wird, er sinkt, wenn dieses Risiko kleiner wird. Da diese Kreditversicherungsverträge nicht wie andere Versicherungen beim Versicherungsnehmer verbleiben, sondern wie Aktien zum Teil lebhaft und mit zum Teil stark schwankenden Preisen gehandelt werden, wird dieser Preis zu einem öffentlichen sichtbaren Maßstab für die Kreditwürdigkeit der Firma oder der Institution, deren Kredit mit dem CDS versichert wurde. Dieser Maßstab lässt sich ohne viel Geldeinsatz beeinflussen, indem man die entsprechenden CDS kauft. Man kann damit rechnen, dass dann der Preis dieser CDS steigt. Das wird nun wieder von anderen Spekulanten als Zeichen dafür gewertet, dass der Kredit oder die öffentlich gehandelte Anleihe wackeliger ist als zuvor gedacht. Sie verkaufen entweder die entsprechenden Anleihen oder kaufen ihrerseits die entsprechenden Kreditversicherungsverträge, also CDS. Die Preise der Anleihen dieser Firma oder Institution fallen, entsprechend steigen ihre Zinsen, also ihre Finanzierungskosten, und erhöhen damit das Risiko der Pleite. Völlig marktkonform steigen dann die Preise der darauf bezogenen CDS weiter. Kurz, eine sich selbst verstärkende Spekulation kommt in Gang. Im Extremfall tritt die Zahlungsunfähigkeit des Unternehmens oder der Institution dann wirklich ein, und die Versicherung muss dem CDS-

Käufer den Wert des ausgefallenen Kredits ersetzen. Für den Spekulanten, der die ganze Operation gemacht hatte, ohne den versicherten Kredit je gekauft zu haben, ergibt sich ein mörderisch hoher Gewinn. Er erhält den Wert der Anleihe zum Preis der Versicherungsprämie, die in normalen Zeiten nicht mehr als 3 bis 5 Prozent davon ausmacht.

Im obigen Absatz wurde erwähnt, dass man eine CDS-Kreditversicherung erwerben kann, ohne das versicherte Objekt, den Kredit zu besitzen. Einem gar nicht Geschädigten kann im Schadensfall die Versicherung ausbezahlt werden. Das riecht nach ganz gewöhnlichem Versicherungsbetrug, hat im Fall der CDS aber System. Es ergibt sich aus der freien Handelbarkeit der CDS. Die Banker und Spekulanten nennen das »nackte CDS«. Nach dem großen Finanzkrach 2008 kam diese Praxis nicht mehr ganz so gut an. Im Frühjahr 2010, als die Schuldenkrise im Fall Griechenland einen ersten Höhepunkt erreichte, verbot die deutsche Bundesregierung durch einfachen Erlass diese nackten CDS, sofern sie auf Staatsanleihen bezogen waren. Nach mühsamen Verhandlungen einigten sich im Herbst 2011 Rat, Parlament und Kommission der EU auf eine ähnliche Verbotslinie.

Die dritte (und sicher nicht die letzte) Verrücktheit dieser CDS wurde ebenfalls nach dem ersten Höhepunkt der Finanzkrise 2008 für jedermann offenbar. Obwohl die Kreditversicherer, also Emittenten der CDS wie die große, oben erwähnte AIG, vom US-amerikanischen Staat vor dem Untergang gerettet wurden, hörte die Praxis nicht auf, CDS auch auf Staatsanleihen zu begeben. Man sollte sich vielleicht nicht wundern, dass so eine CDS auf, sagen wir, ungarische, lettische oder meinetwegen auch griechische Staatsanleihen gekauft wird, sofern sie von einer gut beaufsichtigten Bank oder Versicherung in einem als reich und solide geltenden Staat begeben wird. Es wurden und werden aber bis zum heutigen Tag CDS auf die Kreditwürdigkeit des US-Zentralstaates, japanische Regierungsanleihen und sogar auf die AAA-Adresse Bundesrepublik Deutschland begeben, gekauft und lebhaft gehandelt. Wie soll das gehen, fragt man sich. Wenn die USA und Deutschland ihre Pleite erklärt haben, sollen dann die Kreditversicherer, die die Prämie vereinnahmt haben, noch in der Lage sein, für die Staatsschuld einzutreten? Zwar haben die Staaten 2008 ihre Banken gerettet, hier aber wird so getan, als könnten die Banken sich am eigenen Schopf vor den Folgen der kommenden Staatspleite retten.

Noch deutlicher als üblich, zeigen die CDS, dass sie auf einer irrealen Fiktion beruhen. Es werden Versicherungspolicen von Versicherungen verkauft, die es im Schadensfall mit an Sicherheit grenzender Wahrscheinlichkeit nicht mehr gibt.

Zuverlässigkeit eines Schuldners) des Landes in immer neuen Schüben verschlechterte und sich die Zinsen für das Land entsprechend erhöhten, was wiederum die Bonität weiter absacken ließ.

Was liegt näher, als eine koordinierende Hand bei dieser Aktion zu vermuten? Zu mehr als einer Verschwörungstheorie reicht es dabei allerdings nicht. Sie besagt, dass der US-amerikanische Feind den Euro niedermachen wollte, um der Gefährdung des Dollars als eindeutig führende Währung auf dem Globus zu begegnen, und dabei gezielt das schwächste Glied in der Euro-Kette, Griechenland, attackiert hat. Die Motivation ist nicht vollkommen unplausibel. Allerdings fehlen bisher jegliche Indizien, dass die spekulative Attacke auf Griechenland von irgendjemandem koordiniert worden ist. Das Geschehen lässt sich sehr gut erklären, ohne dass man eine koordinierende Hand im Hintergrund vermuten muss. Der Finanzmarkt kann erfahrungsgemäß auch ohne koordinierte Verschwörung höchst destruktiv agieren.

Die besondere Hilflosigkeit der Euro-Länder, mit der Finanzierung ihrer Staatsschulden zurechtzukommen, hat zwei wesentliche Ursachen. Auch an dieser Stelle tritt eine geplante Schwäche der Währungsunion zutage. Es ist gleichsam so, als hätten die Konstrukteure des Euro Selbstzerstörungsmechanismen eingebaut, die nun in einer Reihe immer neuer Explosionen ihr destruktives Werk tun. Ein Konstruktionsfehler der Währungsunion wurde bereits im letzten Kapitel ausführlich behandelt. Es ist das Wettbewerbsprinzip, das die notwendigen staatlich organisierten Transferleistungen zwischen reichen und armen Regionen verhindert. Die verheerenden Wirkungen dieses Wettbewerbs der Staaten innerhalb der Währungsunion treten dabei in der Realwirtschaft auf. Auf dem Kapitalmarkt, also dem engeren Thema der Währungsunion, hat der Wettbewerb ebenso verheerende Folgen. Der zweite Selbstzerstörungsmechanismus ist die Autonomie der Zentralbank. Damit wird ganz im Sinne neoliberaler Vorstellungen von der Unfehlbarkeit der Märkte und der Ineffizienz staatlichen Handelns der Erhalt und das Wohlergehen des Finanzsektors über die politischen Ziele des Staates, des Parlaments und der Regierungen gestellt.

Das System der Zentralbanken

Die Europäische Zentralbank (EZB) ist die einzige staatliche Institution, die für den Zweck der Währungsunion gegründet wurde. Sie wurde explizit nach dem Modell der Deutschen Bundesbank geformt. Drei Dinge sind dabei besonders hervorzuheben. Wie der Bundesbank wurde der EZB die Unabhängigkeit gewährt. Obwohl beide Zentralbanken staatliche Institutionen und somit auch Eigentum des Volkes sind, stehen sie formell außerhalb des republikanisch-demokratischen Politikbetriebes. Diese Institutionen sind weder Parlament noch Regierung Rechenschaft schuldig. (Allerdings ist in den Maastricht- und Lissabon-Verträgen vorgesehen, dass der Präsident der EZB regelmäßig vor dem Finanzausschuss des Europäischen Parlaments die Politik der Notenbank erläutern soll und dazu von den Abgeordneten befragt werden darf.) Andererseits ist die EZB noch unabhängiger von den Regierungen als nationale Notenbanken und die Bundesbank, weil sie es nicht mit einem, sondern mit vielen Staaten zu tun hat. Deren durchaus unterschiedlichen Interessen kann sie entweder nachkommen oder sie ignorieren, ganz nach Belieben.

Die EZB hat, ganz wie die Bundesbank im Bundesbankgesetz einst für die DM, den Auftrag, für die Stabilität des Euro zu sorgen. Mit Stabilität ist dabei der Erhalt der Kaufkraft der Währung (im Inland bzw. in der Eurozone) gemeint, also die Abwesenheit von Inflation. Das ist anders als etwa bei der US-amerikanischen Notenbank Fed, zu deren Auftrag es gehört, zum Erhalt eines angemessenen Beschäftigungsniveaus einen Beitrag zu leisten. Als Nebenauftrag taucht bei der EZB dann auch auf, dass sie die Wirtschaftspolitik der EU-Kommission möglichst unterstützen möge, sofern das nicht dem Auftrag zur Inflationsbekämpfung widerspricht.

Bemerkenswert ist ferner, dass unter Stabilität der Währung keineswegs auch die Stabilität des Finanzsystems gemeint ist. Dass das Finanzsystem sich selbst destabilisieren könnte, das kam den Schöpfern des Euro und der EZB offensichtlich nicht in den Sinn. Erst Anfang 2011, also fast vier Jahre nach Ausbruch der Finanzkrise, wurde auf EU-Ebene ein makroökonomisches Überwachungsgremium für die Finanzstabilität geschaffen. Der Schock der Finanzkrise hatte sogar den Verantwortlichen in der EU klargemacht, dass es keine staatlichen Institutionen gab, die für die Stabilität des Finanzsystems verantwortlich waren. Regierungen nahmen das Finanzsystem als gegeben hin und förderten es nur dann und wann auf Wunsch der Finanz-Lobby. Da, wie ursprünglich festgelegt, die nationalen Notenbanken und die EZB nur die Stabilität des Preisniveaus ins Auge zu fassen hatten, errichteten Parlament und Europäischer Rat eine weitere Institution, deren Aufgabe es ist, Systemrisiken aufzuspüren und möglichst früh alle Regierungen vor einem erneuten Kladderadatsch zu warnen. Und wer zog in dieses zweifellos wichtige Gremium ein?

Natürlich die Herren (und wenigen Damen) Zentralbanker aus allen 27 Ländern mit dem Präsidenten der EZB an der Spitze.

Die EZB selbst wird von einem Direktorium, bestehend aus sechs Personen mit dem Präsidenten an der Spitze geleitet. Diese sechs werden vom Europäischen Rat ernannt. Das höchste Entscheidungsgremium der EZB ist allerdings der Europäische Zentralbankrat, in dem neben den sechs Direktoren die Präsidenten aller Notenbanken des Euroraums Sitz und nach einem komplizierten System auch Stimme haben. Die EZB gehört nicht direkt den Euro-Staaten, sondern indirekt. Aktionäre, also Teilhaber sind vielmehr die nationalen Notenbanken. Nach einem Schlüssel, in den Bevölkerungszahl und Wirtschaftsleistung eines jeden EU-Landes eingehen, wird deren jeweiliger Anteil berechnet. Die Deutsche Bundesbank ist mit einem Anteil von etwa 27 Prozent die größte EZB-Anteilseignerin. Die Einzelstaaten sind somit auch formal nur sehr indirekt Eigentümer der EZB. Die Eigentums- und Entscheidungsstruktur sorgt damit für einen weiteren und höheren Grad der Unabhängigkeit von den Parlamenten und Regierungen.

Die EZB ist als Einzelbank relativ klein. Ihre Bilanzsumme und ihr Eigenkapital sind wesentlich kleiner als etwa die der Bundesbank. Die EZB ist nur das Spitzeninstitut des Systems nationaler Zentralbanken, das von den Zentralbankern selbst als Eurosystem bezeichnet wird. Das eigentliche Geschäft der Notenbank, die Versorgung der Geschäftsbanken mit Geld, wird von diesem Eurosystem vorgenommen. Dabei versorgt die Bundesbank die deutschen Banken mit Geld, die französische Banque de France die französischen und die griechische Zentralbank die griechischen. In den Gremien des Spitzeninstituts EZB wird lediglich entschieden, zu welchen Konditionen (Zinsen, Laufzeit) diese Geldversorgung stattfindet. Die enge Verbindung der nationalen Notenbanken mit ihren Kunden, den im jeweiligen Nationalstaat angesiedelten und zugelassenen Banken, gilt weiterhin. Das Eurosystem funktioniert dabei wie ein System kommunizierender Röhren. Wenn zum Beispiel finnische Banken bei einer der wöchentlichen Geldauktionen wenig Geld nachfragen, belgische aber viel, entstehen Zahlungsströme zwischen den beiden nationalen Zentralbanken. Sie werden in dem Großbetragszahlungssystem des Eurosystems, genannt Target 2, abgewickelt. Der entstehende Saldo wird als Forderung oder Schuld der jeweiligen nationalen Notenbank gegenüber dem Gesamtsystem vorgetragen, bis er beglichen wird.

Dieses Verrechnungssystem funktionierte ausgezeichnet bis zu dem Zeitpunkt, als die große Finanzkrise begann. Die negativen oder positiven Salden einzelner nationaler Notenbanken wurden wieder ausgeglichen. Wenn griechische oder spanische Geschäftsbanken sich ein paar Monate lang besonders viel Geld von ihren nationalen Zentralbanken kreditieren ließen, so wurde das in den folgenden Monaten wieder ausgeglichen. Die Banken der Euro-Südländer brauchten besonders viel Geld, weil ihre Kunden diesen Bedarf anmeldeten, um Rechnungen zu bezahlen. Per Saldo finanzierten sie so das Außenhandels- und Leistungsbilanzdefizit. Wie im vorigen Kapitel geschildert, wurden diese Defizite in den Anfangsjahren der Währungsunion problemlos durch das hereinströmende Kapital finanziert und der eventuell aufgelaufene negative Saldo im Zahlungssystem Target 2 wieder ausgeglichen. Dieser befriedigende Zustand endete mit der Finanzkrise. Der Kapitalzufluss in die Südländer hörte auf, und die Salden weiteten sich aus. Die Guthaben der Deutschen Bundesbank gegenüber dem übrigen Eurosystem betrugen im Mai 2012 beachtliche 699 Mrd. Euro. Dem standen Zahlungsverpflichtungen der italienischen Zentralbank in Höhe von 275 Mrd. Euro und der spanischen von 345 Mrd. Euro gegenüber.

Über die Interpretation dieser Target-2-Salden gab es Monate lang eine muntere Kontroverse in der Presse, die vor allem vom Chef des Münchner Wirtschaftsforschungsinstituts Ifo, Hans-Werner Sinn, angeheizt wurde. Ob Deutschland hier die Exzesse der Südländer finanzieren würde, war die Frage, die ihn umtrieb. Dass es sich hier um eine klassische, staatlich geförderte Exportfinanzierung handele, war die korrekte Interpretation der weniger national gesinnten Gegenseite. Sinn behielt schließlich in einem Punkt Recht:

Wenn eines der Defizitländer aus dem Euro und dem Eurosystem der Zentralbanken ausscheiden sollte, dann wären die aufgelaufenen Target-2-Defizite abzuschreiben und als Verlust der Deutschen Bundesbank zu verbuchen. Man kann diese Defizite getrost hinzuaddieren zu den Anteilen, die der Bund im Rahmen der Rettungspakete für die konkursgefährdeten Staaten übernimmt. Während die Kontroverse noch lief, verschärfte sich das Problem durch die sich beschleunigende Kapitalflucht aus den Defizitländern. Die riesigen oben für Mai 2012 angeführten Summen hatten sich zum großen Teil erst in den letzten Monaten angehäuft.

Die Target-2-Kontroverse machte jedenfalls deutlich, dass für die auseinanderdriftenden Leistungsbilanzungleichgewichte keine Lösung gefunden worden war. Unbeachtet blieb dagegen die unabweisbare Tatsache, dass die hohen Ungleichgewichte innerhalb des Eurosystems unmittelbar aus der Grundsatzentscheidung der Zentralbanken resultierten, den Banken grundsätzlich so viel Geld zuzuteilen, wie sie nachfragten. Dies ist keine neue, sondern eine grundsätzliche Politik dieser und aller anderen Zentralbanken, also auch der einzelnen nationalen europäischen Zentralbanken vor der Währungsunion. Sie steuern das Ausmaß der Kredit- und Geldschöpfung lediglich indirekt, indem sie das von ihnen ausgegebene Zentralbankgeld teurer oder billiger machen und damit dafür sorgen, dass die Nachfrage danach kleiner oder größer wird.

Mit Ausbruch der Finanzkrise hat die grenzenlose Geldverteilung der EZB und des Eurosystems allerdings eine ganz neue Qualität erreicht. Die Geschäftsbanken schränkten seit August 2007 die gegenseitige Kreditvergabe auf dem Geldmarkt massiv ein. Sie misstrauten sich – zu Recht – gegenseitig. Banken, die, aus welchen Gründen auch immer, mehr Zahlungen leisten mussten, als sie hereinbekamen, mussten sich die Differenz bei ihrer Zentralbank besorgen. Damals fasste die EZB, ganz ähnlich wie die US-Notenbank, den Beschluss, an der schrankenlosen Zuteilung von Zentralbankgeld festzuhalten. Die Alternative wären Bankenpleiten aus Mangel an Liquidität (wie im Fall der britischen Hypothekenbank Northern

Rock) und schließlich der Zusammenbruch des allgemeinen Zahlungsverkehrs gewesen. Da angesichts der Wirtschaftskrise zugleich die Zinsen auf ein rekordniedriges Niveau gesenkt wurden, wurde die Finanzierung der Geschäftsbanken über das Zentralbanksystem zum gewöhnlichen Dauerzustand.

Das Staatsfinanzierungsverbot

Ein Drittes zeichnet die EZB und das Eurosystem vor allen anderen Notenbanken aus. Es ist das im Maastricht-Vertrag festgelegte Staatsfinanzierungsverbot. Weil es dieses Verbot gibt, werden Griechenland, Italien und Spanien auf dem internationalen Markt für Staatsanleihen viel schlechter behandelt als Großbritannien, Japan und die USA. Das hat mit dem Zustand der Staatsfinanzen in diesen Ländern herzlich wenig zu tun, sondern damit, dass die Regierungen der drei letztgenannten Länder sich in einer Währung (der eigenen) verschulden können, von der sie über einen unbegrenzten Vorrat verfügen, aus dem sie die Gläubiger jederzeit bezahlen können. Diese müssen also den Konkursfall dieser Länder nicht wirklich fürchten. Sollte tatsächlich einmal dem Schatzkanzler Ihrer Majestät das Geld fehlen, um die Zinsen einer Anleihe oder sogar den Kapitalbetrag der Anleihe selbst zurückzahlen zu können, so hat er kein Problem, bei der Bank von England einen Zwischenkredit in der benötigten Menge an Pfund Sterling zu erhalten und diesen Betrag einfach weiterzureichen.

Die Währung, über die diese Regierungen verfügen, muss dabei als internationales Zahlungsmittel anerkannt sein und über eine gewisse Bonität verfügen. Man kann sich tatsächlich fragen, wie es kommt, dass Pfund, Dollar und Yen in diesem Sinne auf dem Kapitalmarkt immer noch so viel gelten – angesichts des jammervollen Zustandes etwa der britischen Wirtschaft und der langen Geschichte von Pfund-Abwertungen, angesichts der ungeheuren Dollar-Vermehrung, den die US-Notenbank betrieben hat und angesichts der sensa-

tionell hohen Staatsverschuldung Japans. Jedoch sind anderswo die
Zustände nicht besser. Das dürfte der Hauptgrund dafür sein, dass
Geld in diesen drei Währungen immer noch akzeptiert wird. Auch
andere Länder verfügen über die Hoheit, Geld in eigener Währung
zur Befriedigung ihrer Gläubiger in beliebiger Menge herzustellen.
Das hilft ihnen aber wenig. Wenn sie am Kapitalmarkt Geld aufnehmen wollen, können sie das zwar in eigener Währung tun, doch
müssen sie dann enorm hohe Zinsen bieten, weil die Anleihekäufer
– zu Recht oder nicht – eine Abwertung befürchten. Oder sie verschulden sich in einer anerkannten Fremdwährung – Dollar, Euro
oder Yen – und müssen auch dann hohe Zinsen bieten, weil sie – siehe oben – eben nicht über einen unbegrenzten Nachschub an diesen
anerkannten Edelwährungen verfügen.

So also sieht die Hierarchie der Staaten am Finanzmarkt aus. Die
Länder der Eurozone haben sich mit der Entscheidung für den Euro
in die Reihe der Parias begeben, jener Länder also, die nicht in eigener Währung Schulden aufnehmen können. Dafür sorgt das Staatsfinanzierungsverbot, das – wiederum wesentlich auf Betreiben der
deutschen Regierung Kohl und der Deutschen Bundesbank – in den
Verträgen zur Währungsunion und zur EZB verankert ist. Das Staatsfinanzierungsverbot galt auch in der Bundesrepublik vor dem Euro
– allerdings in milderer Form als heute. Selbstverständlich stand die
Bundesbank bereit, um kurzfristige Zahlungen des Bundes oder seiner großen Staatsvermögen Bahn und Post zwischen zu finanzieren.
Die Bundesbank war schließlich auch Agentin des Bundes bei der
Ausgabe von Anleihen.

Das Staatsfinanzierungsverbot für die Notenbank ist eines jener
neoliberalen Prinzipien, deren Wirkung die Banken und den Finanzsektor stärkt, und umgekehrt den Staat als wirtschaftlichen Akteur in
seiner Handlungsfreiheit einengt. Denn die Regierungen sind so gezwungen, sich Defizite von den Banken und/oder den Käufern ihrer
Staatsanleihen finanzieren zu lassen. Das macht selbst in normalen
Zeiten die Angelegenheit für den Staat und den Steuerzahler teuer,
in Finanzkrisenzeiten kann es sehr teuer, ja unerschwinglich werden.

Andererseits hat das Prinzip auch nachvollziehbare, ja vernünftige Gründe. Zum einen neigen Regierungen, denen die Verschuldung leicht gemacht wird, erfahrungsgemäß dazu, das locker kreditierte Geld für wenig bürgerfreundliche Projekte wie Aufrüstung oder Subventionen für regierungsnahe Konzerne auszugeben. Die Ausübung des Budgetrechts des Parlamentes wird erschwert, wenn die Regierung leichten Zugang zum Notenbankkredit erhält. Zweitens besteht die Gefahr, dass die von der eigenen Zentralbank ausgegebene Währung an Wert und Wertschätzung am internationalen Kapital- und Devisenmarkt verliert, wenn sie zu häufig und freizügig zur Schuldentilgung vermehrt wird. Diese Erfahrung musste die junge Weimarer Republik machen, als sie die Kriegsschulden mit immer mehr frisch geschaffenen Reichsmark begleichen wollte. Der Kurssturz der Reichsmark gegenüber anderen Währungen führte bekanntlich zur beispiellosen Inflation.

Es gibt sogar noch einen dritten rationalen Grund, warum das Verbot des Staatsdefizits durch die Notenbank bei der Etablierung der Währungsunion vertraglich festgeschrieben wurde. Denn es sind schließlich mehrere Staaten, die sich am Notenbankkredit gütlich tun könnten. Undenkbar, dass einige Euro-Staaten bevorzugt behandelt werden sollten, undenkbar auch, dass die EZB bzw. das Eurosystem selbstherrlich würde entscheiden können, welches Land wie viel an Notenbankkredit zu welcher Gelegenheit erhält. Im Ergebnis ist aber genau dieser Zustand der Willkür eingetreten.

Schließlich ist auch eines der wichtigsten Ziele der Währungsunion verfehlt worden. In der oben skizzierten Hierarchie der Währungen stehen die der großen Währungsräume weit oben. Ein großer Währungsraum hat den Vorteil, dass die Selbstfinanzierung hoch, die Abhängigkeit von internationalen Kapitalströmen gering ist. Er hat außerdem den Vorteil, dass Kapital aller Form hereindrängt, weil die Größe des Marktes lockt. Auch das führt dazu, dass die Finanzierungsbedingungen günstig, die Zinsen relativ niedrig sind. Der Staat und der Finanzsektor in großen Währungsräumen profitieren von der Kapitalzufuhr. Sie eröffnet Handlungsspielräume, erhöht den Geldumlauf der Währung und beschert damit der Notenbank Zusatzgewinne. Alle diese Vorteile haben nun über Jahrzehnte hinweg die USA dank ihrer Stellung und der des Dollars eingestrichen. Der Währungsraum des Euro ist gemessen an der Wirtschaftsleistung sogar größer als die USA. Bis zum Ausbruch der Finanzkrise schien es so, als könnten die Vorteile des großen Währungsraumes für die Euro-Länder auch realisiert werden. Am deutlichsten wurde das durch die stark sinkenden Zinsen in den Südländern. Der Zufluss von Kapital konzentrierte sich auf diese Länder, weil der Euro für sie zunächst die größte Verbesserung ergab. Der Euro führte zunächst dazu, wozu er auch etabliert worden war. Die Kapitalmarktzinsen glichen sich an, und zwar auf niedrigem Niveau.

Die neoliberal und staatsarm konstruierte Währungsunion schien zum Ziel zu führen. Die billige Geldversorgung der Geschäftsbanken zu gleichen Konditionen überall im Währungsgebiet durch das Eurosystem und das heilige Prinzip der EU, die Freiheit des Kapitalverkehrs, wirkten zusammen und führten zu einem einheitlichen Kapitalmarkt. Unternehmen im finnischen Lappland bekamen Kredit nicht zu gleichen, aber doch zu ähnlichen Konditionen wie im portugiesischen Alentejo. Jedenfalls bauten sich die Zinsdifferenzen entlang der nationalen Grenzen langsam ab.

Die Finanzkrise änderte das alles. Nicht sofort, sondern erst nach jenem denkwürdigen Moment im Oktober 2008, als die Nationalstaaten die Banken retteten. Denkwürdig war dieser Moment nicht nur, weil er die Schulden der Staaten ins Zentrum der Finanzkrise rückte, sondern auch weil er die Einebnung der Kapitalmarktzinsen unterbrach und rückgängig machte. Zunächst begannen die Zinsen, die die Staaten zu zahlen hatten, sich auszudifferenzieren. Am Beispiel Griechenland ist dieser Prozess, wie er 2009 einsetzt, zu Anfang des Kapitels geschildert worden. Die Hierarchie zwischen den Staaten als Schuldner wurde nicht gleich, aber ähnlich wieder hergestellt, wie sie vor der Währungsunion gegolten hatte. Die Kapitalanleger kalkulierten ein, dass kein Mitgliedsland der Währungsunion freizügig über Notenbankkredit seitens des Eurosystems verfügen kann. In

Großbritannien, Japan und den USA hatte die jeweilige Notenbank sehr bald nach Beginn der Krise massiv Staatsanleihen des eigenen Staates gekauft. Das verringerte zwar nicht die Staatsschulden dieser Länder, sorgte aber dafür, dass die Zinsen niedrig und das Vertrauen der internationalen Anleger hoch blieben.

Im Europa der Währungsunion dagegen galt und gilt für das Eurosystem das Staatsfinanzierungsverbot. Die Zentralbanker hielten sich daran. Ganz wie ihre Kollegen bei Fed, der Bank von England und der von Japan pumpten auch sie frisches Geld in das System, jedoch kauften sie nicht primär Staatsanleihen, sondern Schuldpapiere des Privatkapitals. Sie gaben den Banken Geld, wenn diese Staatsanleihen als Sicherheiten einreichten, sie gaben den Banken auch jeden Notkredit, um den sie ersuchten. Sie gaben sich wirklich jede erdenkliche Mühe, möglichst viel frisch geschaffene Euros ins Finanzsystem zu pumpen, um es am Leben zu erhalten.

Allerdings fanden die Notenbanker auch ein Schlupfloch, um das Staatsfinanzierungsverbot zu umgehen und die Lage zu entschärfen. Sie behaupteten, das Verbot gelte eigentlich nur für den Primärmarkt. Das heißt, den Notenbanken sei nur untersagt, direkt bei der Emission einer Staatsanleihe mitzubieten und zu kaufen oder einem Staat einen Direktkredit zukommen zu lassen. Erlaubt sei es hingegen, auf dem freien Markt Staatsanleihen zu kaufen mit dem Zweck – hier klingt die Argumentation möglichst unverständlich –, die »Übertragung der geldpolitischen Impulse auf Finanzsystem und Realwirtschaft sicherzustellen«. Das ist die offizielle Version der EZB. Es bedeutet, dass die Notenbank mit den Anleihekäufen versucht, das Zinsniveau zu drücken.

Das ist ihr in Maßen auch gelungen. Das Eurosystem begann im Mai, auf dem Höhepunkt der ersten Griechenland-Krise, Staatsanleihen zu kaufen. Bis zum Mai 2012, zwei Jahre später, hatte sie immerhin Papiere im Gesamtwert von 200 Mrd. Euro erworben. Das ist keine Kleinigkeit, aber verglichen mit dem Umfang der Staatsanleihemärkte auch nicht sehr viel. Deutschland, Frankreich und Italien haben als die größten Schuldner in Euroland jeweils mehr als eine Billion an Staatsanleihen im Umlauf. Sowohl der Zukauf an Staatsanleihen als auch die Wirkung dieser Aktionen blieb sporadisch. Wenn die EZB als Käuferin am Markt auftauchte, stiegen deren Kurse zügig an, und ihre Renditen sanken entsprechend. Wenn die EZB mit dem Zukauf aufhörte, war auch der positive Effekt dahin. Der Kauf von Staatsanleihen war und ist auch unter den Notenbankern selbst umstritten. Der damalige Bundesbankchef und EZB-Ratsmitglied Axel Weber machte seine Opposition zum Beschluss der Ratsmehrheit öffentlich. Er verstieß damit gegen den Comment der Notenbanker und versuchte sich mit einem angesichts des Ausmaßes der Krise absurden Grad an Orthodoxie als Nachfolger des damaligen EZB-Präsidenten Jean-Claude Trichet zu empfehlen. Das war selbst Kanzlerin Merkel lästig. Sie gab es auf, diesen deutschen Kandidaten als Nachfolger Trichets zu favorisieren. Weber trat 2011 beleidigt als Präsident der Bundesbank zurück und wurde ein Jahr später Verwaltungsratspräsident der Schweizer Großbank UBS.

Wenn die EZB die oben angeführte Begründung ernst nehmen würde, müsste sie die Staatsanleihezukäufe verstärken und so lange fortführen, bis das Zinsniveau in den Krisenländern tatsächlich wieder so niedrig ist wie in den Kernländern der Eurozone. Statt dessen änderten die Notenbanker ihre Taktik und Strategie je nach politischer Wetterlage. Schlimmer noch, sie setzten ihre Fähigkeit, nach Belieben Geld zu schöpfen, für ihre politischen Zwecke ein. Ein besonders drastisches Beispiel ergab sich im Sommer 2011. Am Finanzmarkt lief eine Verkaufswelle gegen italienische Staatsanleihen, deren Renditen in Richtung untragbarer sieben Prozent marschierten. In Italien war damals noch Silvio Berlusconi Ministerpräsident. An ihn schrieben der damalige Chef der EZB, Trichet, und Mario Draghi, der damals Präsident der italienischen Zentralbank war und schon als Trichets Nachfolger an der Spitze der EZB feststand, einen Brief. Darin forderten sie ihn dringend auf, die geplanten »Reformen« zu verschärfen, die Rentenkürzung zu intensivieren, mehr Entlassungen vorzunehmen und ähnliche Dinge. Sie vergaßen auch nicht darauf hinzuweisen, dass die Zentralbank jederzeit den Kauf italienischer Staatsanleihen unterbrechen könne und werde, wenn ihrer Empfehlung nicht Folge geleistet werde. Der Brief wurde durch eine geplante Indiskretion der Zentralbanker in der Tageszeitung ›Corriere della Sera‹ bekannt. Berlusconi gab nach und verschärfte sein antisoziales Reformprogramm. Wie bekannt, half ihm das auch nicht viel. Wenig später wurde unter politischem Druck aus Berlin und Frankfurt sowie ein wenig Paris und Brüssel als neuer Ministerpräsident für Italien Mario Monti ausersehen und installiert.

Die Episode zeigt deutlich, wie die Notenbanker ihre Unabhängigkeit, ihre Verfügungsgewalt über die Geldschöpfung dazu ausnutzen können und das auch tun, um Politik in ihrem Sinne zu betreiben.

National bestimmte Zinsen

Mittlerweile ist am Kapitalmarkt der Eurozone alles wieder so, als hätte es die Währungsunion nicht gegeben. Unternehmen und Bürger müssen in Griechenland hohe Zinsen zahlen, selbst dann, wenn sie als einzelne über eine ähnliche Bonität verfügen, in Deutschland wenig. Das Zinsniveau unterscheidet sich entlang der nationalen Grenzen. Warum das so ist? Der erste Grund liegt im Staatsfinanzierungsverbot der Zentralbank. Das Eurosystem stellt zwar den Banken überall im Eurogebiet Notenbankkredit zum gleichen niedrigen Zins zur Verfügung. Den Staaten aber verweigert es diesen Kredit. Die Staaten sind vielmehr vom internationalen Kapitalmarkt abhängig, der stark differenziert. Deutschland wird Geld nachgeschmissen, Italien muss hohe Zinsen bezahlen, und Griechenland bekommt gar nichts mehr.

Der zweite Grund liegt in dem alten, erfahrungsgesättigten Grundsatz des Kapitalmarktes: Eine Bank ist so sicher und zahlungsfähig, wie der hinter ihr stehende Staat, der sie notfalls rettet. Im Oktober 2008 haben die Staaten daran noch einmal erinnert. Die US-Regierung stützte die US-Banken, die britische Regierung die

britischen Banken, die deutsche die deutschen Banken usw. Dass
die Bankenrettungsaktion auch innerhalb der EU getrennt nach na-
tionalen Grenzen erfolgte, ist keineswegs selbstverständlich. Noch
weniger selbstverständlich ist es, dass sogar die Staaten der Euro-
Währungsunion die Banken im rein nationalen Rahmen stützten.
Was bedeutet der Grundsatz in der Praxis? Er bedeutet, dass die
Banken auf dem Kapitalmarkt nicht billiger an Geld kommen als der
Staat, in dem sie residieren.

Die Kapitalisten der Hochzinsländer haben damit einen ge-
wichtigen Nachteil bei der Finanzierung ihres laufenden Betriebes
und ihrer Investitionen. Der Vorteil, den der große Währungsraum
eigentlich bieten kann, nämlich eine günstige Finanzierung, ist völlig
verschwunden. Er verkehrt sich sogar in einen Nachteil, weil angesichts der Krise die Kapitalflucht in als sicher geltende Länder deren
Zinsen und damit Kosten noch weiter drückt. Die Zinsen sind in
Deutschland auf ein nie erreichtes niedriges Niveau gesunken. Für
die Unternehmen in der Peripherie ist es besonders nachteilig, dass
dieser enorme Finanzierungsvorteil Konkurrenten innerhalb des gemeinsamen Binnenmarktes zukommt. Die Fliehkräfte in der Währungsunion verstärken sich. Die Kapitalflucht aus der Peripherie ins
Zentrum verstärkt die Tendenz. Die ohnehin Starken werden noch
stärker, die ohnehin Schwächeren fallen weiter zurück.

Diese Zustände scheinen Notenbanker und Regierungspolitiker
der Eurozone wenig gestört zu haben. Auch am Prinzip, dass die
Banken durchweg durch nationale Geldzuschüsse gerettet werden
sollten, änderte sich nichts. Die Finanzierungsprogramme für Griechenland, Portugal und Irland sahen allerdings – besonders im Fall
Irland mit seinem besonders aufgeblähten Bankensektor – erhebliche Beträge zur Stabilisierung der Banken vor. Das reichte aber
längst nicht aus, um die Zinsen in den betroffenen Volkswirtschaften
auf ein erträgliches Niveau zu drücken. Es reichte nur, um diese Banken nicht kollabieren zu lassen.

7.
Lösungsversuche

In den beiden vorangegangenen Kapiteln wurde – hoffentlich schlüssig – gezeigt, inwiefern die Währungsunion des Euro eine Fehlkonstruktion ist. Sie funktioniert weder auf der Ebene der Kapitalmärkte noch als Regelwerk für die Realwirtschaft. Gerade weil sie nach neoliberalem Strickmuster staatsarm verfasst ist, ist die Währungsunion in einer neoliberal zugerichteten Form des staatsmonopolistischen Kapitalismus dem Untergang geweiht.

In diesem Kapitel wird versucht zu skizzieren, welche Lösungs- oder Heilungsversuche die Regierungen und andere Agenten für die Krise entwickelt haben. Es wird versucht zu zeigen, dass diese Versuche wahrscheinlich zum Ende der Währungsunion führen.

Was bisher geschah – die »koloniale Lösung«

Die bisherigen Versuche bestanden darin, die Struktur der Währungsunion beizubehalten, zugleich über mehrere Kanäle Geld aus der Staatskasse nachzuschießen (von den Regierungen bereitgestellte Rettungsfonds EFSF und ESM, kleiner Schuldenschnitt für Griechenland und vor allem unbegrenzte Liquiditätszufuhr für die Banken durch die Zentralbanken), die Daumenschrauben anzuziehen (d.h., die Kosten für das Kapital weiter zu senken) und die Peripherie direkter der Zentrale unterzuordnen. Man kann das als »koloniale Lösung« bezeichnen. Der Ausdruck stammt von Wolfgang Münchau, der wie ich langjähriger Kolumnist bei der ›Financial Times Deutschland‹ war und heute noch ist. Münchau ist keineswegs ein Linker und schon gar kein Marxist. Dennoch ist seine Bezeichnung der laufenden Umgestaltung der EU und vor allem der Eurozone treffend.

Die koloniale Lösung hat drei Hauptaspekte. Der erste ist die Sicherung der Tributzahlungen an das Finanzsystem. Hierzu dienen die Rettungsfonds für die konkursgefährdeten Staaten. Hierzu dienen auch Rettungsmaßnahmen für die Banken, die bislang hauptsächlich vom Notenbanksystem durchgeführt wurden. Der zweite Hauptaspekt ist das Abwürgen der ökonomischen Aktivitäten in der Peripherie unter der Überschrift »Umstrukturierung« und Reform. Die Peripherie wird systematisch unterentwickelt und als Absatzmarkt immer weniger interessant. Drittens gehört zur kolonialen Lösung die Übernahme der politischen Kontrolle in den peripheren und schwachen Ländern durch die Zentrale.

All das erinnert stark an die »Hilfsmaßnahmen«, die der Internationale Währungsfonds IWF den Entwicklungsländern, oft früheren Vollkolonien in den letzten Jahrzehnten hat zukommen lassen. Man hat den Zustand der Dritt-Welt-Länder damals als Neokolonialismus bezeichnet. Gemeint war, dass in den früheren Kolonien eine indigene Elite sich selbst verwalten durfte. Im Krisenfall aber wurden die Experten aus der Zentrale in Washington eingeflogen, die ein Sanierungs- und Regierungsprogramm entwarfen und seine Durchführung sicherten. Nicht von ungefähr ist nun der IWF auch bei den Rettungsmaßnahmen in der Eurozone von Anfang an dabei. Dies geschah auf ausdrücklichen Wunsch der deutschen Regierung. Die Expertise bei kolonialen Rettungsaktionen gab es und gibt es bisher weder in Brüssel bei der EU-Kommission noch in Berlin oder in Frankfurt. Zur Ehrenrettung des IWF sei gesagt, dass die Einsicht in die kontraproduktiven Wirkungen eines allzu harschen Umgangs mit den lokalen Eliten und ihrem Volk beim IWF oft stärker ausgeprägt war als bei den Vertretern der EU.

Das erste Rettungspaket für Griechenland wurde Ende März 2010 zugesichert. Es umfasste zunächst 30 Mrd. Euro, dann 45 Mrd. Euro und in seinem Finalstadium schließlich 110 Mrd. Euro, wovon 30 Mrd. Euro auf den IWF entfielen. Damit war das Muster für die gegenseitige Hilfeleistung der Euro-Länder füreinander gesetzt. Auch die größeren und nicht eigens für Griechenland konstruierten Fonds, der EFSF (European Financial Stability Facility) und der ESM (European Stability Mechanism) folgten demselben Prinzip. Die noch solventen Euro-Länder geben einen Kredit an ein anderes Euroland, damit dieses a) die laufenden Zins- und Tilgungsleistungen aus alten Schulden erbringen und b) die Banken des eigenen Landes stützen und vor der Pleite bewahren kann. Die Hilfs-Fonds werden nur zu geringen Teilen durch direkte Zahlungen finanziert. Vielmehr nehmen die Fonds am internationalen Kapitalmarkt Geld auf. Diese Verschuldung wird von den Euro-Ländern gemäß einem Schlüssel garantiert. Die Gläubiger-Länder erhöhen also ihre Verschuldung, um die Schuldnerländer zu stützen. An deren Verschuldung ändert sich in der Menge nichts. Nur die Konditionen und die Gläubiger sind jetzt andere.

Der EFSF wurde sehr bald nach dem Rettungspaket für Griechenland im Juni 2010 installiert. Nach einer späteren Erhöhung hatte dieser Fonds ein Volumen von 440 Mrd. Euro. Über ihn wurde im November 2010 eine Vereinbarung mit Irland im Volumen von 85 Mrd. Euro und im Juni 2011 mit Portugal (78 Mrd. Euro) getroffen. Danach und nach einem zweiten Rettungspaket für Griechenland, das teilweise über den EFSF lief, waren noch 250 Mrd. Euro übrig.

Der EFSF war hoffnungsfroh als vorübergehende Lösung installiert worden. Er soll im Juni 2013 seine aktive Tätigkeit beenden. Auf Wunsch der deutschen Regierung wurde im Oktober 2010 eine dritte und dauerhafte Rettungsmaschine beschlossen, der European Stability Mechanism (ESM). Er basiert auf einem völkerrechtlichen Vertrag und ändert damit auch den mühsam verabschiedeten Lissabon-Vertrag der EU. Sein Inhalt ist dagegen dürftig. Er sagt lediglich, dass die EU-Staaten dauerhafte Rettungsfonds einrichten können. Der ESM hat völkerrechtlich somit ein anderes Gewicht als der EFSF. Er wurde zunächst in zwei Fassungen beschlossen, im Juli 2011 und im Februar 2012. Ende Juni 2012 wurde er auf einem Gipfel der Euro-Länder erneut variiert. Schon das deutet darauf hin, wie schwer sich die Regierungen damit taten. Die Bundesregierung änderte im Lauf der Beratungen mehrfach den Kurs. Der Umfang des ESM soll 700 Mrd. Euro ausmachen. Davon sollen 80 Mrd. von den Euro-Staaten tatsächlich eingezahlt werden, der Rest sind Garantieleistungen, die abgerufen werden können. Der ESM sollte eigentlich am 1. Juli 2012 seine Arbeit aufnehmen. Zu diesem Zeitpunkt waren allerdings die Ratifizierungsverfahren in einer Reihe von Teilnehmerstaaten, darunter in Deutschland, noch nicht abgeschlossen.

Wie von den Konstrukteuren dieser Rettungsfonds selbst immer wieder betont wird, liegt mit den Hilfsfonds keine Lösung der Schuldenkrise vor. Es wird vielmehr Zeit gekauft. Die Euro-Staaten, die Schwierigkeiten haben, genug Kredit am Kapitalmarkt aufzunehmen, um die Altschulden zu bedienen, erhalten einen Zwischenkredit oder ein Programm von Zwischenkrediten. Das vermeidet fürs Erste die Staatspleite. Staatspleiten wiederum sind extrem unangenehm für jene Banken, Versicherungen und Fonds, die Staatsanleihen in ihren Portefeuilles haben. Ein, wenn nicht sogar der wesentliche Grund für die umfangreichen Schutzprogramme ist die Absicht der Regierungen, die »eigenen« Finanzinstitute zu beschützen. Das gilt auch für den Fall Irland. Das Land, das an sich sehr geringe Staatsschulden hatte, musste Hilfe von den Euro-Staaten im Rahmen des EFSF beantragen, weil es seine verlustreichen und für die Größe des Landes völlig überdimensionierten Banken stützen zu müssen glaubte, was die finanziellen Kapazitäten des Staates überforderte. Bankpleiten in Irland hätten auch für kontinentale Finanzhäuser unangenehme Folgen gehabt. Im neoliberalen Musterland der EU, Irland, das sich durch sehr niedrige Unternehmensgewinnsteuern und eine überaus laxe Finanzaufsicht auszeichnete, hatten Banken und Industriekonzerne aus dem übrigen Europa gerne Töchter und Zwischen-Holdings installiert. Das traf auch auf die Banken in Großbritannien zu, weshalb sich das Nicht-Euro-Mitglied Vereinigtes Königreich auch an der Irland-Rettung finanziell nennenswert beteiligte.

Obwohl die Hilfeleistung mittels Zwischenkredit somit von handfesten Eigeninteressen getrieben war, hinderte das die Geldgeber nicht daran, die Schuldnerländer mit strengen Auflagen heimzusuchen. Es liegt nahe, dass Gläubiger zu verhindern versuchen, dass ihre Schuldner das wenige Geld, das sie noch einnehmen, möglichst nicht verprassen oder an Dritte weitergeben. In diesem Sinne wurden zunächst das Prinzip, dass es überhaupt Auflagen gab, und sodann sogar viele konkrete Auflagen, die mit den Kreditprogrammen verbunden waren, in den Empfängerländern akzeptiert. Der gezielt unsoziale und gelegentlich auch völlig unsinnige Charakter vieler dieser Sparauflagen änderte das bald, zumindest bei Teilen der betroffenen Bevölkerung.

Das offiziell vorgetragene Kalkül der Sparprogramme, die vor allem der Regierung Merkel nicht rigoros genug sein konnten, folgte der Logik der IWF-Programme. Diese sahen in der Regel vor, dass sich durch eine Abwertung der Währung des betroffenen Landes die Lohnkosten der Unternehmen verringern würden. Damit würden die Unternehmen wieder wettbewerbsfähiger werden und würden so Segmente des heimischen Binnenmarktes wieder selbst mit Waren kostengünstig versorgen und auch beim Export wieder stärker werden können. Damit würden sich die Leistungs- und Handelsbilanz und schließlich auch die Steuereinnahmen des Staates verbessern.

Die Abwertung der Währung ist im Fall der Euro-Länder allerdings ausgeschlossen. Der Effekt der Lohnsenkung sollte aber trotzdem erzielt werden. Das aber bedeutet rigorose Einschnitte in das Lebensniveau der Bevölkerung. Das »Memorandum of Understanding« (Vorvertrag) vom 2. Mai 2010 zwischen EU und IWF einerseits sowie der damaligen griechischen Regierung andererseits legte detailliert fest, was letztere innerhalb welcher Fristen zu erledigen und abzuarbeiten hatte. Es gibt da auch sinnvolle Punkte, z. B. die

Einführung eines progressiven Steuertarifs für alle Einkommens-
quellen. Der ganz überwiegende Schwerpunkt liegt aber auf dem
gezielt Asozialen: Weitere Erhöhung der Mehrwertsteuer um zwei
Punkte auf 23 Prozent, Erhöhung der Steuern auf Benzin, Tabak und
Alkohol, weitere Kürzung der Löhne und Gehälter im öffentlichen
Dienst, Streichung von Feiertagszuschlägen für Rentner, Kürzung
der öffentlichen Investitionen. Das Ganze wurde garniert mit aus-
gefeilten Plänen zur Deregulierung freier Berufe, zur Privatisierung
von Staatsvermögen und zur Effizienzsteigerung der öffentlichen
Verwaltung. Dagegen taucht eine Kürzung der Rüstungsausgaben in
dem ersten Memorandum gar nicht auf. Immerhin gab Griechenland, gemessen am BIP, doppelt so viel für die Rüstung aus wie der
Durchschnitt der EU-Staaten. Erst auf Basis des letzten Programms
von 2012 verpflichtet sich die griechische Regierung, ihre Rüstungsausgaben um 400 Mio. Euro zu reduzieren.

Es ist ganz offensichtlich, dass hier ein Schrumpfungsprogramm
verabredet worden ist. Das ist auch logisch. In einer wachsenden
Wirtschaft lässt sich das Lohnniveau nicht so weit drücken, wie es
nach den Vorstellungen der Memorandum-Autoren geschehen
muss. Andererseits bauten die Planungen für die Entwicklung des
Staatsdefizits auf einer vollkommen unrealistisch schnellen wirtschaftlichen Erholung auf. Daraus ist – man ist versucht zu sagen
selbstverständlich – nichts geworden. Das griechische BIP ging 2010
um 3,5 Prozent und 2011 um 6,9 Prozent zurück. Für 2012 rechnet
der IWF mit einem Minus von 4,7 Prozent.

Über die Tendenz, den Kreditempfänger-Ländern nicht nur Re-
gierungsprogramme, sondern auch das Personal dazu zu diktieren,
ist im vorigen Kapitel anhand der Abservierung Silvio Berlusconis
und seiner Ersetzung durch Mario Monti als italienischer Ministerpräsident berichtet worden. Den griechischen Ministerpräsidenten
Papandreou erwischte es, als er Ende Oktober 2011 ein Referendum
über ein gerade in Brüssel vereinbartes Hilfs- und Austeritäts-Paket
durchführen wollte. Eine derartige demokratische Anwandlung
wurde ihm nicht gestattet. Kanzlerin Merkel und die übrigen gro-

ßen Staatenlenker wollten das nicht zulassen. Sie sorgten für einen Aufstand gegen Papandreou in seiner eigenen Partei Pasok, bis er zurücktrat. Auch sein Nachfolger Lukas Papademos, ebenjener, der Griechenland als Notenbankchef in den Euro geführt hatte, wurde von Brüssel, Frankfurt und Berlin aus installiert. Frau Merkel sorgte persönlich dafür, dass ihr konservativer Parteifreund und Chef der damaligen größten Oppositionspartei Nea Demokratia, Antonis Samaras, die Inhalte des oktroyierten Memorandums offiziell akzeptierte.

Griechenland ist in vielerlei Hinsicht das krasseste Beispiel für das Wüten der Euro-Retter. Aber es ist für die Eliten in den Empfänger-Staaten bestimmt kein Spaß, sich dem Diktat der Troika aus EZB, IWF und EU-Kommission zu unterwerfen. Die Regierungen der geplagten Empfängerländer zögern deshalb so lange wie möglich mit dem Hilfsantrag in Brüssel. Als der spanische Staat im Frühsommer 2012 mit der Gefahr einer Bankenpleite konfrontiert war, ließ sich die Regierung des Konservativen Mariano Rajoy sehr viel Zeit, bis sie sich endlich entschloss, Hilfe für die Banken des Landes zu beantragen.

Die bisherige Strategie der Euro-Politiker erweist sich auch rein ökonomisch als Desaster. In Griechenland ist das in fast jeder Beziehung offensichtlich. In Portugal und Irland scheint aber zumindest eine Verbesserung der Leistungsbilanz dieser beiden Länder erreichbar. Man sollte nicht ausschließen, dass partielle Erfolge möglich sind. Für die Euro-Region als Ganzes erweist sich die koloniale Lösung aber als verheerend. Die Austeritätspolitik in der Mehrzahl der Länder – sie wird ja nicht nur in den Ländern angewandt, die die Segnungen von Rettungspaketen genießen – führt dazu, dass die ohnehin zurückkehrende Rezession in der gesamten Eurozone tiefer wird.

Zwei Faktoren kommen hinzu, die die Wirtschaftskrise insgesamt vertiefen werden. Der erste Faktor ist das hohe Zinsniveau in den von Staatspleite und Rettungspaketen bedrohten Ländern. Investitionen und Wirtschaftswachstum können da nicht entstehen. Der zweite Faktor ist die schleichende Kapitalflucht. Sie nimmt bisher die Form an, dass die besser Gestellten in den akuten Krisenländern einen Teil ihrer Bankguthaben ins als sicher geltende Euro-Ausland oder gleich in die Schweiz schaffen. Das ist nicht mehr Steuerflucht, sondern Kapitalflucht. Wenn sich die Lage nicht bald bessert – und warum sollte sie es? –, wird die Kapitalflucht auch zu einer Bewegung ganz aus der Eurozone sein. Dann beginnen Personen, die über Finanzvermögen verfügen, auch in Deutschland ihre Guthaben in den Dollar-, Pfund- oder Schweizer-Franken-Raum zu transferieren.

Griechenland war in einer weiteren Hinsicht ein Übungsfeld für die koloniale Lösung. Es wurde dort ein freiwilliger Schuldenschnitt verabredet, der mit dem internationalen Bankenverband IIF (Institute of International Finance) ausgehandelt und im März 2012 durchgezogen wurde. Danach verzichteten die Gläubiger des Großteils der griechischen Altanleihen in einer Abstimmung auf 53,5 Prozent des Nennwerts ihrer Anleihen, indem sie die Altanleihen gegen neue vom griechischen Staat begebene Bonds mit entsprechend niedrigerem Nennwert tauschten, die vom Euro-Rettungsfonds mit einer Garantie versehen wurden. Nominal hätte dieser Schuldenschnitt die Schuldenlast Griechenlands um 107 Mrd. Euro verringern sollen. Allerdings gehörten zu den größten Gläubigern der Bonds die griechischen Banken. Deren Verluste aus dem Schuldenschnitt wurden über den griechischen Staatshaushalt wieder ausgeglichen, was wiederum bedeutete, dass das Rettungsprogramm für Griechenland aufgestockt wurde. Die Verschuldung des Landes ist damit kaum nennenswert gedrückt worden.

Insgesamt hat sich das Experiment mit dem griechischen Schuldenschnitt auch aus Sicht der Euro-Regierungen im Rahmen der kolonialen Lösung als wenig erfolgreich erwiesen. Es steigerte die Abneigung der Groß- und Kleininvestoren, überhaupt in europäische Staatsanleihen zu investieren. Als die Euro-Gipfelkonferenz im Juli 2011 den Schuldenschnitt für Griechenland beschlossen und verkündet hatte, gerieten in bisher nicht gekannter Weise spanische und italienische Staatsanleihen unter Druck, weil befürchtet wurde,

Über Eurobonds

Das erste Problem mit Eurobonds ist der Begriff. Denn bevor es den Euro gab, nannten Banker und Wertpapierhändler solche Anleihen »Eurobonds«, die von Staaten oder Unternehmen außerhalb ihres eigenen Staates begeben wurden. Sie entzogen sich und die Käufer dieser Bonds der Regulierung und vor allem der Steuerbehörde ihres jeweiligen Heimatlandes. Massenhaft wurden Eurobonds emittiert, als in den 70er Jahren des vorigen Jahrhunderts US-Banken in London auf diese Weise Geld von den reich gewordenen Ölexporteuren aus dem Nahen Osten hereinholten. Ein solcher Eurobond konnte auf Dollar, Yen, Pfund oder auch eine andere der früher so zahlreichen europäischen Währungen lauten.

Als die gemeinsame Währung beschlossen und entschieden worden war, sie »Euro« zu taufen, wurden sofort Anleihen auf diese Währung begeben – sogar noch ehe dieser Euro offiziell am 1. Januar 1999 am Kapitalmarkt und unter Banken als gültige Währung von zunächst zehn Ländern eingeführt worden war. Auch diese Anleihen hießen nun »Eurobonds«, was nichts anderes hieß als auf Euro lautende Anleihen oder Schuldverschreibungen, eben wie auf D-Mark lautende Anleihen DM-Bonds genannt wurden. Die zur Vermeidung von Steuer im Ausland begebenen Bonds hießen gleichfalls weiter »Eurobonds«. Um den Jux noch weiterzutreiben, hießen demzufolge im Ausland begebene Bonds, die in der neuen Währung Euro begeben wurden »Euro-Eurobonds«.

Die »Eurobonds«, um die es hier geht, sind etwas völlig anderes. Sie gibt es nicht. Aber sie wurden ebenfalls zugleich mit dem Beschluss der Währungsunion von einigermaßen weitsichtigen Ökonomen und Bankern vorgeschlagen. (Auch diese gibt es, man kann es kaum glauben.) Der Grundgedanke dieser »Eurobonds« ist einfach. Es handelt sich darum, dass die Euro-Länder ihre Staatsschulden gemeinsam vermarkten und damit auch die gleichen Zinssätze zahlen.

Konkret sähe die Praxis mit Eurobonds etwa wie folgt aus: Die Euro-Staaten gründen eine gemeinsame Finanzagentur. Die dient nur dem Zweck, am internationalen Kapitalmarkt Kredit je nach Bedarf der beteiligten Länder aufzunehmen. Zu diesem Zweck würde die Agentur »Eurobonds«, also Anleihen/Schuldtitel anbieten und verkaufen, während der Laufzeit der Anleihen Zinsen zahlen und die Anleihen schließlich zum Ende der Laufzeit zurückzahlen. Das ist nichts anderes als das, was die Bundesfinanzagentur mit Sitz in Frankfurt für die Bundesrepublik Deutschland macht. Die Euro-Finanzagentur allerdings würde das für alle Euro-Länder tun und als Verrechnungsstelle den Finanzbedarf der Staaten feststellen, entsprechend die Volumina der zu verkaufenden Bonds kalkulieren und dafür sorgen, dass die Staaten ihre jeweils erhaltenen Kredite auch entsprechend bedienen. Die Schulden werden also nicht zusammengeworfen. Kein Land übernimmt die Schulden eines anderen. Vielmehr bleibt jeder Staat für die Bedienung seiner Schulden verpflichtet.

Der Vorteil des Arrangements besteht vielmehr in der gemeinsamen Vermarktung der Schulden. Die jetzt bestehende Konkurrenz der Staaten um die Gunst der Finanzmärkte gäbe es nicht mehr. Alle Staaten müssten für ihre Schulden dieselben Zinsen zahlen. Das ist heute komplett anders. Es gibt eine Hierarchie der Staaten als Emittenten. Die USA, Japan und Deutschland stehen an der Spitze dieser Hierarchie. Sie genießen Vorzugskonditionen. Das ist nicht deshalb der Fall, weil sie nur geringe Schulden hätten. Mitnichten. Eher ist das Gegenteil der Fall. Sie profitieren (auch) von der riesigen Masse der von ihnen begebenen Schuldtitel. Die Märkte für Bundesanleihen, für Staatsanleihen der USA und Japans sind die liquidesten der Welt. Das heißt, man kann als Großanleger große Pakete dieser Anleihen kaufen oder verkaufen, ohne dass es gleich den Preis kaputtmacht.

Dabei kommt es in der Logik der Investoren am Staatsanleihemarkt vor allem auf drei Gesichtspunkte an: Währungsrisiko, Emittentenrisiko und Liquidität. Das **Währungsrisiko** besteht darin, dass die Währung, in der die Anleihe begeben wird, auf- oder abgewertet werden kann. Droht nach Auffassung der Investoren eine Abwertung, verlangen sie für in dieser Währung begebene Anleihen hohe Zinsen. Anleihen in einer aufwertungsverdächtigen Währung können mit niedrigen Zinsen verkauft werden. In der Vor-Euro-Zeit stand die D-Mark unter Aufwertungsverdacht, in D-Mark begebene Bonds waren mit niedrigen Zinsen ausgestattet. In Lira, Pfund und Peseta begebene Anleihen mussten hohe Zinsen bieten, weil die Währungen in den 90er Jahren schon einmal abgewertet worden und deshalb weiterhin abwertungsverdächtig erschienen. Mit der Währungsunion in Europa ist dieses Risiko für Anleger aus Euroland selber definitionsgemäß verschwunden. Das Verschwinden des Währungsrisikos ist einer der ganz großen Vorteile der Währungsunion.

Das **Emittentenrisiko** besteht kurz gesagt in der Gefahr der Pleite, in der Gefahr, dass der Emittent nicht mehr zahlen kann oder will. Dieses Risiko galt bei Staatsanleihen in Europa für wenig relevant. Es bezog sich vielmehr auf Anleihen von Privatunternehmen, die schon mal pleite gehen können, oder auf Staatsanleihen aus Schwellen- oder Entwicklungsländern. Die Staatsschuldenkrise vieler lateinamerikanischer Staaten hatte die 80er Jahre des vergangenen Jahrhunderts geprägt. 2001 erklärte das relativ reiche Argentinien seine Unfähigkeit, die Anleihen zu bedienen. Für europäische Länder, noch dazu solche, die Teil der Eurozone sind, galt bis zum Einsetzen der großen Finanzkrise im Sommer 2007 der allgemeine Grundsatz, dass das Risiko eines Zahlungsausfalls nahe Null angesetzt werden könnte. Das Emittentenrisiko spielte daher eine geringe Rolle. Nachdem das Währungsrisiko mit der gemeinsamen Währung weggefallen war, gingen die Zinsunterschiede zwischen den europäischen Staatsanleihen auf einige Zehntel Prozentpunkte im Höchstfall zurück. Die Zinsaufschläge, die für griechische Staatsanleihen verglichen mit deutschen geboten werden mussten, schrumpften sogar bis auf 0,06 Prozentpunkte oder sechs so genannte Basispunkte zusammen.

Ein Teil dieser Differenzen ergab sich aus dem dritten Faktor in der Investorenlogik, der so genannten **Liquiditätsprämie**. Danach sind Wertpapiere besonders begehrt, für die es einen großen Markt gibt und die potente Investoren in großem Stil jederzeit kaufen und verkaufen können, ohne dass damit der Preis nennenswert beeinflusst wird. Die Spekulanten sprechen hier von liquiden Märkten. Im Regelfall sind die Märkte, wo die größte Masse eines Wertpapiers gehandelt wird, auch die liquidesten. Begehrt ist deshalb am Devisenmarkt der Dollar, der Euro und der Yen. Sie tragen in dieser Reihenfolge eine Liquiditätsprämie. Am Anleihemarkt werden analog die Anleihen der USA, Japans und Deutschlands am liquidesten gehandelt, entsprechend der Zahl der umlaufenden Schuldtitel. Die Liquiditätsprämie erhält also derjenige Staat, der am meisten Schulden an den Finanzmärkten ausstehen hat. Seine Schuldtitel werden relativ hoch bewertet, was umgekehrt bedeutet, dass die Zinsen relativ niedriger sind als bei kleineren Schuldnerländern.

Wären Eurobonds zu Beginn der Währungsunion, jedenfalls aber vor Ausbruch der großen Finanzkrise 2007 eingeführt worden, hätten wir mit Sicherheit nicht die Staatsschuldenkrise in Euroland, die wir jetzt haben. Ein krisenverschärfendes Moment gäbe es dann nicht, das darin besteht, dass die schwächsten Schuldner die höchsten Zinsen bezahlen müssen und dass die hoch verschuldeten Staaten wegen der steigenden Zinsen der Pleite entgegengetrieben werden. Allerdings gäbe es dann auch nicht den Sondervorteil, den der deutsche Staat dadurch genießt, dass die Zinsen auf seine Anleihen mit jedem Fieberanfall der Märkte niedriger werden. Im Mai 2012 war es dann so weit, dass die Finanzagentur des Bundes zweijährige Anleihen mit einem Nominalzins von 0 Prozent erfolgreich an die Finanzkapitalisten der Welt verkaufte.

Weil Deutschland früher schon die günstigsten Konditionen für seine Anleihen am Kapitalmarkt erhielt, wurden Eurobonds von der deutschen Seite auch immer abgelehnt. Angesichts der Sondervorteile in der akuten Krise ist es nicht verwunderlich, dass diese Ablehnung auch jetzt unverändert anhält. Allerdings wird die Forderung der Euro-Partnerländer lauter. Die Ablehnung von Eurobonds ist der klarste Ausdruck für die Haltung der deutschen Unternehmen und ihrer politischen Repräsentanten, dass diese Euro-Währungsunion nichts kosten darf. Da ist die Aufgabe von Sondervorteilen schon zu teuer und zu viel der Solidarität. Man sollte auch nicht vergessen, dass es für das Finanzkapital erheblich lohnender ist, zersplitterte europäische Bondmärkte zu haben, wo die staatlichen Emittenten in Konkurrenz zueinander stehen und deshalb zum Teil exorbitant hohe Zinsen zahlen müssen.

Argumentiert wird allerdings anders. Da wird behauptet, der Zinssatz für gemeinsame Anleihen der Euro-Staaten würde sich irgendwo in der Mitte zwischen den höchsten und niedrigsten derzeit zu zahlenden Zinsen einpendeln. Wenn also Spanien zehnjährige Anleihen mit etwa 6,5 Prozent zu verzinsen habe und Deutschland zehnjährige mit 1,5 Prozent, so würden die gemeinsamen Eurobonds zwischen 3,5 und 4,5 Prozent zu verzinsen sein. Per Saldo wäre das ein Nullsummenspiel. Die Verhältnisse am Kapitalmarkt lassen aber erwarten, dass die in den Augen der Investoren erstklassige Bonität der Eurobonds das Emittentenrisiko als sehr gering und ähnlich wie Bundesanleihen bewerten lassen würde. Da zudem die über Eurobonds vermarktete Gesamtschuld aller Euro-Länder deutlich größer wäre als die Deutschlands allein, würden Eurobonds eine noch höhere Liquiditätsprämie erhalten als derzeit deutsche Bundesanleihen oder Anleihen Japans. Es ist durchaus realistisch anzunehmen, dass die Eurobonds zu sogar noch besseren Konditionen am Finanzmarkt unterzubringen wären als heutige deutsche Bundesanleihen.

Ein anderes Argument der Eurobond-Gegner kommt erheblich gewichtiger daher. Es wurde und wird auch heute noch am besten vorgetragen von den Vertretern der Finanzbranche in der Bundesbank und der Europäischen Zentralbank. Danach bedürfen die Politiker ganz generell der Peitsche der Finanzmärkte. Hans Tietmeyer, Chef der Bundesbank, als der Euro aus der Taufe gehoben wurde, und wesentlich mitverantwortlich für seine sonderbare Konstruktion, hat mit seiner jubelnden Erklärung in Davos, die Politiker würden nun unter der Herrschaft der Finanzmärkte stehen, den Zweck der Übung gut abgesteckt. Nach herrschender neoliberaler Lehre müssen Regierungen und Parlamente davon abgehalten werden, zu viel Geld auszugeben und zu viel Schulden zu machen. Wenn die Märkte die Regierungen, die hoch verschuldet sind, mit exorbitant hohen Zinsen bestrafen, dann und nur dann würden diese ansonsten unverantwortlichen Politiker an der Macht das Steuergeld beieinander halten. Deshalb ist das Wolfsgesetz des Kapitalismus und des Kapitalmarktes, wonach den finanziell Schwachen

Wucherzinsen abverlangt werden, nach Ansicht dieser Leute so segensreich. Nachgerade komisch war die Reaktion dieser neoliberalen Hardliner, als sich nach dem Start der Währungsunion die Zinsen der Tugendhaften (etwa Irlands und Spaniens), deren Staatsschulden sehr mäßig waren, und die der Sünder (etwa Italien und Belgien), deren Staatsschulden sehr hoch waren, kaum voneinander unterschieden und nur von den Zinsen unterboten wurden, die der bei der Verschuldung im Mittelfeld liegende deutsche Staat zu zahlen hatte. Kurz, die Finanzmärkte kümmerten sich weder um die Höhe der Verschuldung der Staaten noch um die Tugend der jeweiligen Finanzminister. Tietmeyer und Co. erklärten dieses »Versagen« des von ihnen so geliebten Finanzmarktes damit, dass die Währungsunion noch so neu und von den internationalen Finanzspekulanten noch nicht vollkommen verstanden worden sei. Diese sonderbare Erkenntnis hindert die sonderbaren deutschen Dogmatiker nicht, weiter das Anreiztheorem zu vertreten, wonach die Strafe der Finanzmärkte zum Wohle des Staates notwendig sei.

Populärer als das gerade dargestellte Anreiztheorem ist das zweite Hauptargument der Eurobond-Gegner. Es behauptet, Eurobonds bedeuteten eine Vergemeinschaftung der Schulden. Die europäischen Staaten würden gegenüber den Gläubigern als Gesamthaftende auftreten. Wenn ein Land nicht in der Lage sei, seine Schulden zu bedienen, müssten die anderen für diese Schulden eintreten. Ein solcher Zustand widerspreche den Verträgen zur Währungsunion, die explizit ausschlössen, dass ein Staat für die Schulden eines anderen hafte. Letzteres muss eingeräumt werden. Die EU-Verträge schließen eine Haftungsgemeinschaft aus. Jedoch wird die Haftung für die Schulden anderer Euro-Staaten in den Rettungsfonds EFSF und ESM bereits praktiziert. So gesehen, sind die Euro-Verträge bereits verletzt. Will man die Haftungs-Arrangements dennoch rechtfertigen, kann man auf das Recht der Staaten hinweisen, jenseits aller vertraglichen Verpflichtungen freiwillige Hilfestellung für andere Regierungen zu beschließen. Ein solches Rechtskonstrukt wäre ohne weiteres auch bei den Eurobonds möglich, wenn man es denn politisch möchte.

Was ist ansonsten an der Gesamthaftung der Euro-Staaten so schrecklich? Sie bedeutet freilich einen weiteren Verlust an Kontrolle der nationalen Regierung und des nationalen Parlaments über die Finanzen und die Verschuldung des eigenen Staates. Finanzielle und rechtliche Arrangements mit anderen Staaten bedeuten immer eine Aufgabe nationaler Souveränität. Das wird bei anderer Gelegenheit – etwa bei dem von der Regierung Merkel betriebenen Fiskal-Pakt – sogar gefeiert. Fast alle Eurobond-Befürworter plädieren denn auch für strikte Regeln, die den Rückgriff auf die Finanzierung über Eurobonds notfalls limitieren.

Im Übrigen ist die gemeinsame Schuldenaufnahme der Euro-Länder über Eurobonds in sehr unterschiedlichen Formen möglich. Der deutsche Sachverständigenrat hat vorgeschlagen, die Altschulden der Staaten in einen Fonds einzubringen, der über eigene, von der Gesamtheit der Staaten garantierte Eurobonds die Rückzahlung dieser Schulden finanziert. Andere Modelle schlagen vor, dass nur ein Teil der Schuldenaufnahme der Staaten über Eurobonds finanziert wird, etwa jener Teil der bis zu der alten Maastricht-Grenze von 60 Prozent am BIP reicht. Um darüber hinausgehende Schulden zu finanzieren, müssten die Staaten sich dann wie bisher allein an den Kapitalmarkt wenden – und vermutlich viel höhere Zinsen in Kauf nehmen. Je enger der Einsatz von Eurobonds zur Staatsfinanzierung begrenzt wird, desto geringer sind naturgemäß auch die Vorteile für die Staatsfinanzierung der Euro-Staaten.

Auf Dauer ist eine Währungsunion ohne das gemeinsame Auftreten der Staaten gegenüber den internationalen Finanziers nicht denkbar. Eurobonds sind nur eine unter mehreren notwendigen Bedingungen, aber längst keine hinreichende Bedingung, um den Euro zu erhalten. Denn die Euro-Krise ist ja nicht nur eine Krise der Staatsfinanzen. In ihr tritt vor allem die unterschiedliche Leistungsfähigkeit der in der Währungsunion zusammengeschlossenen Volkswirtschaften zutage. Um die realwirtschaftlichen Fliehkräfte zumindest teilweise auszugleichen, sind staatliche, grenzüberschreitende Transfersysteme notwendig. Weniger kompliziert ausgedrückt heißt das: Die Währungsunion bräuchte ein gemeinsames Steuersystem.

Ein Versuch, Eurobonds jetzt – mitten in der Krise – einzuführen, wäre außerdem mit zusätzlichen Schwierigkeiten verbunden. Wenn über sie ein Großteil der Defizite der aktuellen großen Problemländer Italien und Spanien finanziert werden sollten, könnte es durchaus sein, dass diese Bonds auch bei einer Garantie Deutschlands und Frankreichs nicht zu akzeptablen Zinsen untergebracht werden könnten. Wenn man aber eine kleine Lösung wählt, ist sehr wenig gewonnen. Anders ausgedrückt, die Zinsdifferenzen sind krisenbedingt so groß geworden, dass sich durch gemeinsame Bonds allein nur noch schwer überbrückt werden können. Je mehr Länder wie Deutschland von der Kapitalflucht und den entsprechend niedrigen Zinsen profitieren, desto schwerer dürften sich gemeinschaftliche Lösungen wie Eurobonds politisch durchsetzen lassen. Als Fazit bleibt: Eurobonds sind im Prinzip in einer Währungsunion vernünftig. Um die Euro-Union vor dem Auseinanderfallen zu bewahren, kämen sie jetzt aber zu spät.

auch für diese Länder könne ein Schuldenschnitt drohen. Die Euro-Regierungschefs beeilten sich später, kategorisch Griechenland als einmaligen Sonderfall zu erklären, der nicht wiederholt werden dürfe. Ausnahmsweise kann man dieser Erklärung sogar Glauben schenken.

Der Fiskalpakt

Eine der sonderbarsten Maßnahmen im Rahmen der kolonialen Lösung ist der so genannte Fiskalpakt. Noch einigermaßen verständlich erscheint, wie er zustande kam. Die Regierung Merkel suchte nach Wegen, wie sie die Zustimmung der Regierungsparteien und der deutschen Konservativen für die immer größer werdende Verpfändung des Staatshaushalts in Richtung Euro-Rettung erkaufen konnte. Daher schlug sie im Rahmen der Beratungen über den Rettungsfonds ESM den Fiskalpakt als weitere Vertragsänderung für den EU-Grundlagenvertrag vor. Das klappte nicht, weil Großbritannien und Tschechien sich weigerten mitzumachen. So wurde am 9. Dezember 2011 nur ein Völkerrechtsvertrag zwischen den anderen 25 EU-Staaten beschlossen und am 2. März 2012 unterschrieben. Die Ratifizierung war im Sommer 2012 in Griechenland, Portugal, Irland (durch Volksabstimmung) und einer Reihe anderer Länder bereits abgeschlossen. In Deutschland hatten Bundestag und Bundesrat mit der notwendigen Zweidrittelmehrheit zugestimmt. Allerdings stand ein Urteil des Bundesverfassungsgerichts noch aus.

Politisch strebt der Pakt die Verewigung der gerade eingeschlagenen Austeritätspolitik an. Alle Staaten sollen ihre Ausgaben so weit reduzieren, dass keine Defizite mehr entstehen und damit die Schulden zurückgehen. Rechtlich bedeutet er, dass die Einzelstaaten ihre Fiskalpolitik auf die EU-Ebene übertragen, das Budgetrecht der nationalen Parlamente der Kontrolle durch die EU-Kommission und den Europäischen Rat der Finanzminister übergeben.

Ökonomisch betrachtet ist dieser Pakt ein absurdes Konstrukt. Bisher schon galt in der EU die Regel, Staaten dürften neue Schulden nur in Höhe von 3 Prozent des in ihren Ländern erzielten Bruttoinlandsproduktes aufnehmen. Das hat schon vor der großen Finanz- und Weltwirtschaftskrise nicht geklappt. Nun, da sich die Staaten um der Rettung der auf ihrem Gebiet siedelnden Banken willen noch höher verschuldet haben, wird diese Regel verschärft. Die Obergrenze der Neuverschuldung wird in den Fiskalpaktvorschriften von drei auf ein halbes Prozent abgesenkt. Nimmt man gegen jede Wahrscheinlichkeit einmal an, diese Obergrenze würde eingehalten, so ergäbe sich im Durchschnitt der Staatshaushalte sogar ein Überschuss. Das klingt gut, ist jedoch nur zu machen, wenn sich Unternehmen und private Haushalte ihrerseits verschulden. Tun sie es nicht, tritt das ein, was man jetzt schon in den zum Sparkurs gezwungenen Ländern bewundern kann: eine tiefer werdende Rezession mit massiv steigender Arbeitslosigkeit und sinkenden Steuereinnahmen des Staates. Der Versuch, die Verschuldung zu drücken, führt zum höheren Staatsdefizit.

Verrückt am Pakt sind auch die Methoden, wie die Verschuldungsgrenzen festgestellt werden. Relevant ist nämlich das so genannte »strukturelle Defizit«, womit ein Defizit gemeint ist, das sich ergäbe, wenn das Land sich weder in der Hochkonjunktur noch in der Rezession befände. Was solches Normalwachstum ist, weiß natürlich niemand, wird aber dennoch von so Vertrauen erweckenden Institutionen wie der EU-Kommission und dem IWF festgelegt. Entschieden wird über die Einhaltung des Fiskalpakts im Übrigen, bevor der Haushalt eines Staates beschlossen ist, wenn also weder Regierung noch Kommission, noch irgendwelche Experten wirklich sagen können, wie die Wirtschaft läuft und wie hoch demzufolge die Steuereinnahmen sind und wie hoch das Bruttoinlandsprodukt, gegen das das halbe Prozent die Defizit-Obergrenze bilden soll.

All das ist so verrückt, dass es schwer fällt, den Pakt ernst zu nehmen. Man muss ihn wohl als Ersatzhandlung der Regierenden begreifen. Da sie gegen die Herrschaft der Finanzmärkte nichts tun können oder wollen (oder beides), geben sie sich den Anschein, Entscheidungen herbeizuführen. Diese Interpretation ist zwar richtig, aber sicher zu harmlos. Denn der Fiskalpakt bedeutet eine Verschärfung der realen Wirtschaftskrise in der Mehrzahl der Euro-Länder. Drittens schließlich ähneln die sinnlosen Regeln denen, mit denen die Militärs aller Nationen ihre Rekruten schinden, um sie folgsam und gefügig zu machen.

Schon zeigt der Fiskalpakt Wirkung in Europa. Die Regierungen kürzen die Gehälter der Staatsangestellten und entlassen viele, sie reduzieren Renten, Sozialleistungen und Ausgaben für Forschung und Bildung, kappen Investitionen in Straßenbau, Eisenbahn, Wasser- und Stromversorgung. Der Fiskalpakt ist nicht die Ursache für die Krise, aber er verschärft sie. Und er ist ein wichtiger Hebel, um die kümmerlichen Reste parlamentarisch-demokratischer Willensbildung in Europa zu beseitigen.

Automatisierte Bankenrettung

Die Banken, deren Stützung im Jahre 2008 der Grund für den Umschlag der Finanzkrise in eine Staatsschuldenkrise gewesen waren, kehrten als Problem schließlich mit Macht zurück. Der irische Bailout, die Haftungsübernahme durch den Staat, zugunsten der dortigen Banken war dabei nur ein Vorgeschmack. Die Abwertung der Staatsanleihen führte zu drohenden Verlusten durch Abschreibung bei den Banken, die diese Anleihen im Bestand hatten. Die gerade erst eingerichtete EU-Bankenaufsicht mit Sitz in London führte unter Anleitung der internationalen Bankenverbände so genannte Stresstests durch. Angeblich wurde dabei geprüft, wie gut die Banken einen Teil- oder Totalausfall eines kleinen Euro-Staates wegstecken könnten. Tatsächlich handelte es sich dabei um eine Farce. Nur einige wenige Institute bestanden den Test nicht. Es ging um eine Veranstaltung in Public Relations. Tatsächlich sollten offensichtlich die Banker selbst davon überzeugt werden, dass ihre Kollegen-Institute kreditwürdig sind, damit sie sich gegenseitig wieder wie in Vorkrisenzeiten Geld leihen würden.

Doch war selbst den stets optimistischen Staatenlenkern der Eurozone klar, dass die Banken wackelten. Im Vorfeld der Umschuldung in Griechenland gelobten sie sich im Herbst 2011, mittels nationaler Programme für die Stabilisierung der Banken im jeweiligen Heimatland zu sorgen. Die Bundesregierung handelte schnell. Sie reaktivierte das alte Bankenrettungsprogramm von 2008 und reservierte für diesen Zweck wie damals 480 Mrd. Euro. Ohne nennenswerten Widerstand verabschiedete das Parlament Anfang 2012 diesen Rettungsfonds, dessen Belastung für den Bundeshaushalt potenziell deutlich höher war als die Anteile des Bundes für die Rettungsfonds EFSF und ESM. Die wenigsten Länder konnten es sich leisten, so zu handeln, zumal jene nicht, deren Banken aktuell wackelten.

Spaniens Banken begannen im Zuge der Verschlechterung der weltweiten Konjunktur und im Gefolge der mit Brüssel abgesprochenen Austeritätspolitik im Frühjahr 2012 sichtbar zu wackeln. Spanien hat besonders viele und besonders große Banken, vor allem dank des bis zum Ausbruch der Finanzkrise ausufernden Immobilienbooms. Die Verschuldung des spanischen Staates ist geringer als die des deutschen. Eine umfassende Rettung der spanischen Banken aber überfordert seine Finanzen. Eine umfassende Zwischenfinanzierung des spanischen Staates und der spanischen Banken wie bei den bisherigen Notoperationen in den Fällen Griechenland, Portugal und Irland über die offiziellen Rettungsschirme EFSF oder ESM würde an die Grenzen dieser Fonds stoßen. Spanien hat deshalb nur Geld für die Unterstützung seines maroden Bankensektors beantragt und dazu eine Zusage für Kredite bis zu 100 Mrd. Euro erhalten. Als Nachteil erwies sich dabei, dass diese 100 Mrd. den Schuldenstand des spanischen Staates entsprechend erhöhen würden. Das wiederum macht es dem Land zusätzlich schwer, am Kapitalmarkt zu tragbaren Zinsen an frisches Geld zu kommen.

Deshalb plädierten der internationale Verband der Großbanken IIF, der EZB-Präsident Mario Draghi und das seit Januar 2012 amtierende deutsche Direktoriumsmitglied in der EZB, Jörg Asmussen, seit dem Frühjahr 2012 für eine »Bankenunion«. Gemeint ist eine Bankenrettungsunion. Damit würde die Entscheidung für die rein national organisierte Bankenstützung des Jahres 2008 grundlegend revidiert. Offiziell reden die genannten Institutionen und Personen über eine gemeinsame Bankenaufsicht. Als es um die Stresstests ging, behaupteten sie, es gäbe diese Aufsicht bereits. Hier sind in Wirklichkeit ganz offensichtlich andere Kompetenzen gemeint. Wie auf nationaler Ebene soll die künftige reale und nicht nur koordinierende EU-Bankenaufsicht vor allem über die Kompetenz verfügen, die wackelnden Banken – mit sehr viel Geld – zu retten. Wir hätten dann in Euroland, ganz wie in Deutschland jetzt schon, ein quasi automatisches System, über das öffentliches Geld in großen Mengen in Richtung Banken fließen kann. Ein Gremium von Fachleuten, genannt EU-Bankenaufsicht, könnte dann, ganz ohne Rücksicht auf nationale Parlaments- und Regierungsbefindlichkeiten und ohne auf die Zahlungsfähigkeit einzelner Staaten achten zu müssen, den Banken die eingeforderten Beträge zukommen lassen. Tatsächlich könnte eine derartige großzügige Stützungseinrichtung den Zustand der divergierenden Zinssätze am Kapitalmarkt des Eurogebietes beenden. Es ist deshalb kein Wunder, dass die Regierungen der großen Hochzinsländer Spanien und Italien den Vorschlag der Bankenunion vehement begrüßen.

Auf der Konferenz der Euro-Länder am 28. und 29. Juni 2012 entschieden die Regierungschefs, eine solche europäische Bankenrettungsunion zu installieren und den dauerhaften Rettungsfonds ESM mit dieser Aufgabe zu betrauen. Der Beschluss war betont vage gefasst. Dennoch bedeutet er das generelle Eingeständnis der Regierungen, dass die Bankenrettungsmaßnahmen auf nationaler Ebene vom Herbst 2008 ein Fehler waren und dass der Finanzsektor des Eurogebietes und die Währungsunion selber ohne massive Transfers zwischen den Staaten nicht gerettet werden kann.

Zur Vorbedingung für die Installation der Bankenrettung wurde auf Drängen der deutschen Regierung eine wirksame europäische Bankenaufsicht erklärt. Auch dies war ein Eingeständnis, dass nämlich die erst Anfang 2011 mit großem Pomp aus der Taufe gehobene European Banking Authority (EBA) – entgegen den Behauptungen der Regierenden – keine wirkliche Bankenaufsicht, sondern nur ein Koordinierungsgremium war. Eine Bankenaufsicht hat die Macht, bei Gefahr im Verzug eine Bank zu schließen, ihre Geschäftsführer zu entlassen oder ihre Handlungsmöglichkeiten einzuschränken. Tut sie es nicht, ist der Staat, in dessen Namen sie agiert, praktisch gezwungen, die Bank zu stützen, damit das Finanzsystem nicht zusammenbricht. Der Mechanismus wurde zu Genüge in der Finanzkrise durchexerziert. Bei ihrer Juni-Konferenz fassten die Regierungschefs keine konkreten Beschlüsse darüber, wann und wie eine solche Bankenaufsicht errichtet werden sollte. Geplant war allerdings angesichts der Dringlichkeit der Sache noch das Jahr 2012. Außerdem wurde vorgeschlagen, die Aufgabe der EZB zu übertragen.

Die deutsche Öffentlichkeit war über die vagen, aber konzeptionell sehr weit gehenden Beschlüsse überrascht. Kanzlerin Merkel hatte vor der Konferenz den Eindruck vermittelt, dass kein zusätzlicher Cent aus deutschem Steuergeld zur Rettung des Euro verpfändet werden sollte. Die Bankenrettung zu europäisieren und die Entscheidungen darüber, wie viel Geld an welche Banken ausgeschüttet werden soll, an zwei kleine Fachgremien (die Leitungen des ESM und der EZB) zu übertragen, hieße schließlich, dem deutschen Parlament das Budgetrecht zu entziehen. Es hieße außerdem die Installation einer von konservativer Seite stets abgelehnten Transferunion. Es hieße schließlich, dass der Wille der deutschen Kapitalisten und Kapitalistenverbände, die europäische Währungsunion billig zu gestalten, gescheitert sein würde. Folgerichtig organisierte der Leiter des Münchner Wirtschaftsforschungsinstituts Ifo, Hans-Werner Sinn, einen Aufruf konservativer und national gesinnter Volkswirte, die sich gegen die Bankenrettungsunion wandten.

In ihm wird zu Recht darauf hingewiesen, dass die Bankschulden »in den Krisenländern« drei Mal so groß wie die Staatsschulden seien. Charakteristisch für diese national Gesonnenen ist es, dass sie sich nicht daran störten, als ein paar Monate zuvor Regierung und Bundestag das riesige Bankenrettungsprogramm durchwinkten, dabei die Entscheidung über die Geldverteilung einem Expertengremium anvertrauten und so das Budgetrecht des Parlamentes unterhöhlten.

Diese nun keineswegs komplett dargestellte, äußerst facettenreiche »koloniale Lösung«, die für die Krise Eurolands gesucht und verfolgt wird, wird dessen Überleben nicht sichern. Das ist das einzig Positive daran. Es ist deshalb ganz sinnvoll, sich die Frage zu stellen, welche Lösungsmöglichkeiten für die Euro-Krise bestehen, die derzeit nicht verfolgt werden.

Lösungsweg Vertiefung

Will man die Währungsunion erhalten, müssen oder müssten die grundsätzlichen Mängel der Euro-Konstruktion beseitigt werden. Dabei haben die zahlreichen Europa-Fans auf der Rechten und der Linken im Grundsatz Recht, wenn sie sagen, nur durch einen höheren Grad der staatlichen Integration können die Währungsunion und der von ihr konstituierte Binnenmarkt überleben.

Das aber hieße, das Prinzip des Wettbewerbs der Staaten (um die Gunst des Kapitals) aufzugeben und durch staatliche Institutionen zu ersetzen. Notwendig wären:

1. Eine Angleichung der Steuersysteme. Vor allem müssten bei den Einkommens- und Unternehmensgewinnsteuern die Steuersätze und die Besteuerungsgrundlage angeglichen werden. Das wäre der Beginn einer Fiskalunion, die diesen Namen auch verdient (und keineswegs verwechselt werden sollte mit dem Fiskalpakt, der von seinen Befürwortern durchaus gelegentlich auch als »Fiskalunion« bezeichnet wird).

2. Angleichung der sozialen Sicherungssysteme. Erst dadurch könnte die in den EU-Verträgen viel beschworene Freiheit der Arbeitskräfte zur Realität werden.

3. Aufbau einer zentralen EU-Regierung und stark steigender Anteil eines zentralen EU-Haushalts, der aus eigenen Steuern gespeist wird mit dem Nebeneffekt der Möglichkeit der Schuldenaufnahme durch die EU-Zentrale.

Wenn man das Wettbewerbsprinzip durch politische Integration ersetzt, stellt sich die Frage der politischen Willensbildung. Mindesterfordernisse sind dabei die Wiederherstellung der Prinzipien repräsentativer Demokratie, also auch das Recht des (europäischen) Parlaments, Gesetze zu beschließen sowie über die Regierung und das Budget zu entscheiden. All das nach dem Motto der Linkspartei im jetzigen EU-Parlament: »Die EU wird demokratisch, sozial und solidarisch sein oder sie wird nicht sein.«

Zusammengefasst wäre das der europäische Bundesstaat mit der Hoheit, Steuern zu erheben und Kriege zu führen (oder vernünftigerweise nicht zu führen). Es ist nicht vorstellbar, dass das heutige EU-Europa der Konzerne und Eliten zur Bildung eines solchen neuen bürgerlichen Staates fähig wäre. Es gibt nicht einmal Parteien oder Bewegungen, die diese Konzeption der Fortentwicklung der EU in einen Bundesstaat offensiv vertreten würden. Dass die herrschenden Klassen Europas, die die heutige EU kreiert haben, sich nun daran machen sollten, einen – wie im Lissabon-Vertrag vorgesehen – imperialen, aber zugleich demokratisch-republikanischen Staat schaffen könnten, ist ein Widerspruch in sich selbst. Das wird nicht geschehen. Es würde zudem den beiden zusammenhängenden Postulaten des Monopolkapitals widersprechen, dass der Binnenmarkt samt Währungsunion a) eine billige Angelegenheit sein muss und b) dass die politischen Institutionen unter der Herrschaft des Finanzkapitals stehen müssen.

Noch kürzer zusammengefasst, haben wir es mit einem Stück völlig irrealer Utopie zu tun.

Verteilungsfrage und Schuldenschnitt

An dieser Stelle kann es sinnvoll sein, sich zu vergegenwärtigen, wie eng die europäische Staatsschuldenkrise mit der ebenfalls aktuellen großen Weltwirtschaftskrise verflochten ist. In Kapitel 2 wurde bereits auf ein wichtiges Merkmal des bisherigen Krisenverlaufs hingewiesen: Dass nämlich die Bereinigungswirkung typischer kapitalistischer Konjunkturkrisen bisher nicht eingetreten ist. Den Weg aus normalen Konjunkturkrisen findet das Kapital, wenn es sich so weit entwertet hat, dass es wieder rentabel oder profitlich wird und die Akkumulation weitergeht. Der Entwertungsprozess wurde 2008/09 gestoppt durch die Bankenrettung, die Kreditstützung und die Konjunkturprogramme. Damals wurde die Abwärtsspirale der Depression vermieden. Doch hat die Stimulierung nicht ausgereicht, um die Weltkonjunktur und Weltnachfrage wieder in Schwung zu bringen.

Es ist damit zu rechnen, dass die Nachfrageschwäche auf globaler Ebene dauerhaft ist. Die nicht entwerteten Vermögensansprüche lasten dabei als dauernde Tributzahlungen auf Kapital und Staat, die diese Forderungen an die Lohnabhängigen weitergeben. Auch ohne die Austeritätsmaßnahmen in Europa würde deshalb die Weltkonjunktur wieder absacken. Die Abwürgmaßnahmen der Wirtschaftspolitik verstärken den Prozess allerdings noch. Eine Phase der lange dauernden Depression – nicht unähnlich der in den 30er Jahren des vorigen Jahrhunderts – droht, sie ist sogar wahrscheinlich.

Grundsätzlich sind in dieser Lage – gemäß der Logik der kapitalistischen Ökonomie – zwei Dinge nötig: erstens muss die neoliberale Umverteilung von unten nach oben gestoppt und umgekehrt werden; zweitens muss der Finanzsektor massiv geschrumpft und damit die Macht des Finanzkapitals beschnitten werden.

Im Verteilungskampf befinden sich die Lohnabhängigen und subalternen Klassen und Schichten in Deutschland, Europa und in den meisten Regionen des Globus nach wie vor in der Defensive. Dieser Verteilungskampf betrifft eine Vielzahl ökonomischer Fragen: Lohnhöhe, Tarifvertragsbindung, Entlassungen, Mindestlohn, Leiharbeit,

Privatisierung, Renten, Bildungs- und Gesundheitssystem, Steuern. All das bildet letztlich den Rahmen dafür, ob und wann der Weg aus der Krise gefunden werden kann.

Ein plausibler (obwohl realpolitisch kaum durchsetzbarer) Lösungsweg zur Schrumpfung des Finanzsektors wäre der gemeinsame Schuldenschnitt der Euro-Staaten. Die Betonung liegt dabei auf gemeinsam. Anstatt also das Konkursverfahren für einzelne zu verschleppen und dem schwächsten Land den Vortritt zu lassen, hätte ein gemeinsamer Schuldenschnitt den Vorteil, dass dadurch kein Land gegen ein anderes ausgespielt werden könnte. Es kommt dabei weniger darauf an, wie hoch der Prozentsatz eines solchen Schnitts wäre. Er müsste allerdings nennenswert sein, um den größten Vorzug, um nicht zu sagen, den Zweck der Angelegenheit auch zur Konsequenz zu haben: nämlich das Ende des Finanzsektors in seiner jetzigen Form. Schon heute existiert das Bankwesen nur dank massiver Kapitalstützen durch die öffentliche Hand. Andererseits sind die Schulden der öffentlichen Hand dermaßen groß, dass keine Bank und keine Versicherung einen solchen Schuldenschnitt überleben würden.

Welche Form würde ein solcher Schnitt annehmen? Es wäre wieder einer dieser Momente: Merkel, Monti, Hollande, Juncker etc. würden ernst in die Kameras blicken und den Schuldenschnitt als einzig mögliche Alternative ankündigen. Dann würden sie hinzufügen: »Liebe Mitbürger, Ihre Einlagen bei den Banken sind sicher. Unsere Staatshaushalte stehen – wie bisher – dafür ein. Jedoch«, so müssten sie dann einschränkend ergänzen, »die Garantie für Ihre Einlagen gilt nur, soweit sie 300.000 Euro nicht überschreiten. Irgendjemand muss die Belastung des Schuldenschnitts tragen. Was liegt näher, als dies den Eigentümern der großen Finanzvermögen zuzumuten? Das Nähere regeln ein Gesetz sowie der Bankenrettungsfonds.«

Damit wäre schon der zweite große Vorzug eines solchen Schuldenschnitts angesprochen. Es fände eine Umverteilung in umgekehrter Richtung wie bisher statt, nämlich von Reich zu Arm. Der dritte Vorzug wäre, dass die notwendige Rekapitalisierung des Finanzsektors notwendig mit einer Neuordnung einhergehen würde. Investmentbanken, private Kranken- und Altersversicherungen, Hebelzertifikate und anderes mehr könnten künftig unterbleiben. Ein streng regulierter, kleinteiliger Finanzsektor mit festgelegten Zinssätzen könnte das jetzige System ersetzen und an Westdeutschland in den 60er Jahren erinnern, als es noch den Spareckzins gab und kein Börsen-Fernsehen. Der vierte Vorzug wären die massive Schuldenentlastung für die Kommunen und die Möglichkeit, den Zins für staatliche Schulden nicht vom Finanzkapital, sondern per Gesetz festzulegen: beispielsweise ein halber Prozentpunkt über der Inflationsrate. Das ist fair und bietet dem kleinen Sparer Anreiz, direkt beim Staat anzulegen.

8.
Ausblick

Es ist in den vorangegangenen Kapiteln hoffentlich plausibel dargestellt worden, dass die Euro-Währungsunion nicht überleben wird. Sie wird an ihren inneren Widersprüchen zugrundegehen. Oder anders formuliert: Die Veränderungen, die notwendig wären, um die Währungsunion weiter zu entwickeln, um sie zu erhalten, widersprechen so grundlegend den Interessen derer, die sie aus der Taufe gehoben haben, dass es dazu nicht kommen wird. Das Finanzkapital müsste entmachtet, seine finanziellen Vermögensansprüche entwertet werden, die EU-Länder müssten sich auf der Basis eines einheitlichen Steuersystems dem Zwang zur Verschuldung und damit der Macht des Finanzkapitals entziehen. Finanztechnisch und institutionell wäre das kein Problem. Jedoch widerspräche ein solcher Krisenausweg der Interessenlage des herrschenden Kapitals. Die Gegenkräfte sind dagegen schwach und politisch uneins.

Wer sprengt die Währungsunion? Ist es Deutschland, das die immer höher werdenden Garantieleistungen für die Banken und Regierungen im übrigen Euroland nicht mehr tragen will? Eher nicht. Die Unternehmer und ihre Verbände sind sich völlig im Klaren, dass sie den Euro-Binnenmarkt brauchen. Politisch ist eine breite Mitte der Parteien voll auf der Linie, notfalls auch viel höhere Summen an Steuergeld für den Erhalt der Eurozone aufzuwenden.

Schon hat das Endspiel begonnen. Die Diskussion, ob Griechenland in der Währungsunion gehalten werden oder zum Exit gedrängt
werden soll, wird offen geführt. Möglicherweise ist Griechenland bereits draußen, wenn dieses Buch gedruckt vorliegt. Wenn ein Land
den Euro verlässt, gibt es zwar die Währungsunion zwischen den
restlichen Staaten noch, aber es ist nicht mehr dieselbe. Wie kann
man sich den weiteren Verlauf eines solchen Endspiels vorstellen?
Vermutlich in ähnlicher Form wie bisher: ein quälend langsamer
Prozess, der darin mündet, dass dieses oder jenes Land nicht mehr
zur Währungsunion gehören kann, in die Staatspleite gedrängt wird
oder im besten Fall in einer Brüsseler Gipfelkonferenz mit freund-
lichen Worten und Kreditzusagen hinauskomplimentiert wird. Spä-
testens wenn Spanien an der Reihe ist, ist auch der Moment erreicht,
an dem Quantität in Qualität umschlägt. Der Euro ist dann definitiv
nicht mehr der Euro.

Und weil das so ist, wird ein Austritt Spaniens nicht schnell geschehen. Im Euro-Endspiel werden wie bisher Phasen der Beruhi-
gung, gewichtig daherkommende politische Beschlüsse und neue
Crashs am Finanzmarkt einander ablösen. Weil die EU, der von ihr
gebildete Binnenmarkt und die Währungsunion für das europäische
Kapital, insbesondere aber das deutsche, von höchster Priorität sind,
wird die zweite Randbedingung bei der Schaffung des Euro – eine
billige Währungsunion – Stück für Stück aufgegeben werden. Angela Merkel und Mario Draghi sind sich sogar wortgleich einig darin,
»alles zu tun«, damit der Euro erhalten bleibt. Der Bundesverband
der Deutschen Industrie (BDI) als wichtigster Zusammenschluss des
deutschen Industriekapitals wird nicht müde, darauf hinzuweisen,
wie wichtig den Groß-, Mittel- und Kleinunternehmen der Erhalt
der Währungsunion ist.

Mit der Einrichtung der großen Rettungsschirme ist man bereits ein gutes Stück in Richtung Transferunion vorangekommen.
Der Weg in die Schulden- und Bankenunion ist schon beschritten.
Innenpolitisch ist es für die konservativen Regierungsparteien
schwer, diesen Schwenk bei der eigenen konservativen Anhän-

gerschaft durchzusetzen. Er widerspricht deutlich dem, was bisher Dogma war. Auch die Interessenlage der kleineren und binnenwirtschaftlich operierenden Unternehmen steht gegen die kommende Politik, viel Geld aus den deutschen öffentlichen Haushalten für die Rettung der Währungsunion zu verpfänden. Außenpolitisch ist die konservative, geizige Haltung in den eigenen Reihen für die Regierung praktisch. Sie macht den Partnerländern immer wieder von neuem klar, dass die deutschen Steuerzahler zwar gern für die heimischen Banken zahlen, nicht aber für ausländische. So kann sie von den anderen Regierungen relativ leicht große Zugeständnisse erzwingen.

Für den unvoreingenommenen Beobachter besteht ein Rätsel darin, dass die Zugeständnisse, die die deutsche Seite von den Partnerregierungen verlangt, durchweg mit einem Restriktionskurs verbunden sind. Verlangt und durchgesetzt wird, dass die Regierungen ihre Ausgaben einschränken, dafür sorgen, dass die Löhne sinken, ja sogar dass die Investitionen zurückgehen. Der Binnenmarkt Europa, an dem den deutschen Unternehmen ja so viel liegt, kann mit solchen Restriktionsprogrammen nicht gedeihen. Für die Profitabilität der deutschen Konzerne kann das nicht gut sein.

Eine Erklärung für diese Position der deutschen Wirtschafts- und Europapolitik ist einfach Ignoranz. Die für die Wirtschaftspolitik verantwortlichen Politiker haben danach nicht begriffen, dass auch die kapitalistische Wirtschaft einen Kreislauf darstellt. Wenn man den Konsumenten dauerhaft das Einkommen beschneidet, leiden erst die Kaufkraft, dann der Absatz und die Gewinne, schließlich wiederum sinken die Investitionen, Arbeitsplätze und Löhne. In einer kleinen Volkswirtschaft mag dieser Kreislauf durchbrochen werden können, indem mangelnde Kaufkraft im Inland kompensiert wird durch steigende Exporte. Kapital und Regierung haben für die deutsche Volkswirtschaft diese Strategie der Exportorientierung Jahrzehnte lang betrieben. Lohnkürzung und eine relativ zum produzierten Reichtum kurz gehaltene Bevölkerung wurden geradezu zur Voraussetzung für die Absatzerfolge der deutschen Industrieunternehmen in aller Welt. Sie waren auch, wie in Kapitel 5 erläutert, der wesentliche Grund für die Ungleichgewichte in der Eurozone, den Leistungsbilanzüberschuss Deutschlands und die entsprechenden Defizite in den europäischen Südländern. Ob die deutsche Exportstrategie noch lange funktionieren würde, ist offen. Jedenfalls aber ist eine solche Exportstrategie für die gesamte Eurozone unmöglich. Dafür ist das Währungsgebiet zu groß. Die wirtschaftliche Leistung des Eurogebiets als Gesamtheit entspricht in etwa der der ansonsten größten Volkswirtschaft der Welt, den USA. Ein dauerhaft wachsender Export dieser Region ist nicht vorstellbar. Wenn die deutsche Wirtschaftspolitik und die der offiziellen EU-Gremien darauf zielt, die gesamte EU zur »wettbewerbsfähigsten« Region auf dem Globus zu machen, wie es in der so genannten Lissabon-Strategie des Jahres 2000 hieß, so trifft der Vorwurf der Ignoranz zu. Die EU insgesamt ist die größte Volkswirtschaft der Welt. Sie einseitig auf den Export zu orientieren, wie Deutschland auf den Export orientiert ist, ist irrwitzig.

Einige Überlegungen können vielleicht zur Erklärung dieser irrwitzigen Strategie beitragen. Zum einen kann man auch in schrumpfenden Märkten Gewinne machen. Das gelingt einigen deutschen Unternehmen recht gut. Die drei deutschen Autokonzerne verdeutlichen das. Sie gewinnen Marktanteile im schrumpfenden Automarkt Europas. Zugleich orientieren sie verstärkt auf andere Kontinente, insbesondere Asien. Insgesamt konnten sie zuletzt den Gesamtabsatz ausweiten. Zweitens führen schrumpfende Märkte zu günstigen Kaufgelegenheiten. Je tiefer die Rezession in Spanien, Portugal und Italien ist, desto leichter lassen sich Unternehmen in diesen Ländern billig aufkaufen. Diese Investitionen können selbst dann rentabel sein, wenn die Wirtschaftslage noch schlechter wird. Drittens haben deutsche (ebenso wie französische, niederländische etc.) Kapitalisten bereits große Summen in die Länder des europäischen Südens investiert. Ganz gleich, ob diese Investitionen in Privatunternehmen, Banken oder den Staat getätigt wurden, das vorrangige Interesse besteht für diese Gläubiger darin, einen Kapitalverlust zu vermeiden. Jede Politik, die in den von Schulden geplagten Staaten darauf dringt, die Ausgaben zu kürzen, findet deshalb den Beifall des deutschen Industrie-Finanzkapitals. Viertens bietet die verschärfte Krisensituation direkte geldwerte Vorteile. Wie in Kapitel 6 dargestellt, führt das Konkurrenzverhältnis der Euro-Länder untereinander zu einer Begünstigung des Stärksten. Geldkapital fließt aus Sicherheitsgründen nach Deutschland. Die Zinsen sind sensationell niedrig. Das erhöht die Profitrate, erweitert den Handlungsspielraum und schafft die Voraussetzung für eine Fortsetzung der Expansionsstrategie in aller Welt.

Zusammengenommen sprechen diese Gründe dafür, dass die »koloniale Strategie« beibehalten oder sogar noch verschärft wird. Dem widerspricht auch die Erwartung nicht, dass zugleich sehr viel mehr Geld aus dem deutschen Staatshaushalt zur Bedienung der Schulden lockergemacht werden wird. Es wird in Zukunft intensive Kampagnen geben, Europa zu schmieden, die Entscheidungsbefugnisse über Finanzdinge den nationalen Parlamenten ganz zu entwinden. Das Wörtchen »ganz« ist hier mit Bedacht gewählt. Hier nur zur Erinnerung drei Beispiele dafür, wie weit die Entmachtung des Parlaments in der parlamentarischen Demokratie bereits gediehen ist:

- das deutsche Bankenrettungsprogramm Soffin, beschlossen Anfang 2012, sieht einen Umfang von 480 Mrd. Euro vor. Die Entscheidung darüber, wofür das Geld verwendet wird, ist einem Expertengremium von Bankern vorbehalten.

- der vom Bundestag ratifizierte, aber vom Bundesverfassungsgericht (zum Zeitpunkt der Fertigstellung dieses Buches) noch nicht genehmigte Fiskalpakt zwischen den EU-Staaten schränkt die Handlungsfreiheit der nationalen Parlamente zur Gestaltung ihrer Haushalte massiv ein.

- die Deutsche Bundesbank verfügt seit Jahr und Tag nach Gutdünken über ein erhebliches Finanzvermögen des Staates und über seine Wirtschaftspolitik.

Das heißt nicht, dass nicht alles noch schlimmer kommen kann.

Man kann darauf wetten, dass sich die Regierungen einiges einfallen lassen, um die Zentralisierung der Entscheidungsgewalt dem
Volk schmackhaft zu machen oder zumindest als notwendig bzw. al-
ternativlos darzustellen. Bundesfinanzminister Wolfgang Schäuble hat
im Frühjahr 2012 den für einen Konservativen zunächst überraschen-
den Vorschlag gemacht, die formale Entmachtung des Bundestages
durch eine Volksabstimmung absegnen zu lassen. Aus den Reihen
der SPD und der Grünen stoßen solche Überlegungen auf Zustimmung. Jedenfalls scheuen weder Regierung noch Opposition davor
zurück, sogar bisher strikt abgelehnte demokratische Verfahren wie
Volksabstimmungen einzusetzen, um die gewünschte Machtverschie-
bung zu legitimieren. Solche Tricks eröffnen freilich auch den wirklich
demokratischen Kräften neue Möglichkeiten, die koloniale Lösung zu
behindern, wie das Beispiel des Scheiterns der EU-Verfassung in den
Volksabstimmungen in Frankreich und den Niederlanden zeigt.

Anders verlaufen die politischen Auseinandersetzungen in den
Ländern, deren Regierungen nicht die Gläubiger- sondern die
Schuldner-Rolle spielen. Hier leiden die Bürger doppelt: unter
der Wirtschaftskrise und unter den zum Teil von außen diktierten
»Spar«-Maßnahmen. Es ist deswegen nicht erstaunlich, dass die politischen Proteste in den südlichen Euro-Ländern, vor allem in Spanien und noch stärker in Griechenland, eine ganz andere Qualität
aufweisen als in Deutschland. Der Euro wird vermutlich daran zer-
brechen, dass die »koloniale« Lösung für Griechenland, Portugal,
Spanien und Italien keine Lösung mehr bietet. Ähnliches gilt für
Slowenien und Zypern. Nur Irland dürfte sein Sonderstatus als Ban-
kenparadies und Steueroase für Großunternehmen zugute kommen.
Ökonomisch ist die doppelte Last hoher Zinskosten und extrem restriktiver Fiskalpolitik nicht durchzuhalten, vor allem nicht in einem
Umfeld einer in die Rezession zurückgleitenden Weltwirtschaft. Politisch sehen sich die nationalen Bourgeoisien und ihre Regierenden getäuscht. Der von der Währungsunion erhoffte Vorteil, einen
erstklassigen Finanzstatus, ähnlich dem Japans oder Deutschlands zu
erreichen, scheint endgültig zerronnen.

Allerdings scheint die Alternative zum Euro noch schlimmer zu sein. Das wäre die argentinische Lösung: 2001 erklärte das südamerikanische Land die Zahlungsunfähigkeit. Es war sofort von jeder Kapitalzufuhr abgeschnitten und verfügte über kein international akzeptiertes Geld. Die Einfuhr hörte schlagartig auf. Auch die Produktion im Inland brach fast komplett zusammen, da nicht mehr bezahlt werden konnte. Die tiefe ökonomische Krise hat nicht wenige Menschen das Leben gekostet. Die Stabilisierung gelang erst unter der linksperonistischen Regierung Nestor Kirchner (2003 – 07). Mitentscheidend dabei war, dass die argentinischen Kapitalisten, die vor der Krise ihr Geld ins Ausland gebracht hatten, die entwerteten Produktionsunternehmen billig aufkauften und mit Dollar die zur Produktion notwendigen Importe bezahlten. Die freundliche Konjunktur im übrigen Lateinamerika sorgte danach für eine Erholung.

Politiker ziehen aus den Erfahrungen Argentiniens und früherer ähnlicher Fälle von Staatspleiten den Schluss, dass keine (bürgerliche) Regierung derartiges überlebt. Der Austritt aus der Währungsunion und die einseitig erklärte Staatspleite ist deshalb für die von Gläubigern und reicheren Partnern geplagten Regierungen südlicher Euro-Länder keine attraktive Alternative. Andererseits müssen sie ohnehin damit rechnen, wie fast überall in Europa, bei der nächsten Wahl abgewählt zu werden. Nicht unwahrscheinlich ist daher ein Deal, der den geordneten Euro-Rückzug ermöglicht, wonach ein Teil der Schulden erlassen und ein weiterer von den noch kreditwürdigen verbleibenden Euro-Staaten übernommen wird. Das Resultat wäre zumindest vorläufig ein Rumpf-Eurogebiet, das Deutschland, Frankreich und einige angrenzende Staaten umfasst. Eine stabile Konstellation ist ein solcher Restwährungsverbund allerdings nicht.

Das Scheitern des Euro-Projektes bedeutet eine schwere Niederlage des europäischen und deutschen Kapitals. Der Versuch der Europäer, eine Wirtschaftsregion, einen gemeinsamen, einheitlich strukturierten Binnenmarkt zu schaffen, wird damit scheitern. Das europäische Kapital wird das angestrebte Ziel verfehlt haben, eine eigene große Währung als Weltwährung zu etablieren, die den US-Dollar in noch fernerer Zukunft vielleicht hätte ersetzen können. Dabei geht es nicht um Machtspielchen. Vielmehr bietet eine solche eigene Währung handfeste ökonomische Vorteile: Der geringste davon ist der Notenbankgewinn, der umso größer ist, desto weiter verbreitet eine Währung ist. Der viel größere Vorteil ist die Gunst der Selbstfinanzierung. Eine große begehrte Währung macht es den Kapitalisten leicht, billigen Kredit zu erhalten. Dieser Vorteil ist, wie geschildert, in weiten Teilen Eurolands bereits verspielt. Der dritte Vorteil ist eine Folge des leicht zugänglichen Kredits. Er gibt dem Finanzkapital gegenüber der Konkurrenz einen Vorsprung. Wie sonst hätten die US-Investmentbanken ihre so überragend starke Stellung erreichen können – und das von einem Standort aus, dessen Volkswirtschaft sich immer höher verschuldete.

Der Euro scheitert nicht deshalb, wie oft vorgetragen wird, weil die an der Währungsunion beteiligten Länder kulturell und ökonomisch so unterschiedlich sind. Er scheitert vielmehr daran, dass er ein Produkt des Neoliberalismus ist. Der Euro wurde staatsarm konzipiert. Die beteiligten Staaten wurden in einen Wettbewerb um billigen Kredit gezwungen, obwohl dieser Kredit nur dank der staatlichen Autorität geschaffen werden konnte. Der Vorteil, den eine gemeinsame Währung bieten kann, das Kapital von der internationalen Geldspekulation unabhängiger zu machen, wurde zielbewusst vermieden.

Die 2007 offen aufgebrochene globale Finanz- und Wirtschaftskrise erweist sich als (hoffentlich finale) Krise des Neoliberalismus. Es ist deshalb nicht nur passend, sondern zwangsläufig, dass diese Krise auch zur Euro-Krise wurde. Leider gilt nicht das Umgekehrte. Selbst wenn die Eurozone in Restbestände zerfallen ist, wird das keineswegs das Ende auch dieser verheerenden Weltwirtschaftskrise bedeuten.